每天阅读五项

独立读写能力培养法

[美] 盖尔 · 波什
[美] 琼 · 莫瑟
著

林作帅
译

华东师范大学出版社

雅众文化 出品

献给我的父母，

我最初和永远的老师

目 录

致　谢

我们对“每天阅读五项”这一项目的研发工作历时十五年有余。在项目研发之初和撰写该专著的第二版之间的这段时日里，社会各界给予了我们大力支持。

我们曾在克雷斯特莱恩、罗素学院、默里迪恩、沃尔特·迪斯尼小学、绿山墙小学以及伍德里奇等学校讲授过这一项目；在那里，我们得以用胶片相机捕捉到学生的学习活动，并与相关专业人士进行过交谈。对此，我们非常感激。谢谢您向我们开放了您的教室，并一直不懈地拓展着我们的思维！

我们对“每天阅读五项”这一项目的研发工作，除了在学校和教室里进行之外，还延伸到世界各地那些读过我们的专著、参加过我们的学术会议、光临过我们的工作室、或者订阅过我们网上资源的众多教师。我们向您致以感谢！您使我们的教学工作更加多彩，使这本专著的内容更加充实。

我们非常感谢玛格丽特·穆尼；是她第一个激励我们另辟蹊径来培养专心、独立的学习者。我们也非常感谢迈克尔·格林德勒；在学生的学习行为和教师的教学行为方面，是他革新了我们的思想。他们两人的声音影响了我们；在我们为学生进行指导时，在我们和其他教师讨论工作时，在我们撰写专著时，他们的声音一直鼓舞着我们。

业内专家的著述已经为我们的征途点燃探路之火，其光亮一直引领着我们，激发出我们的灵感，尤其是下列专家所从事的研究及其提出的理论：理查德·阿灵顿、迈克尔·普雷斯利、安·麦吉尔·弗兰岑、彼得·约翰斯顿、埃米特·贝茨、露西·卡尔金斯、拉尔夫·弗莱彻、杰拉尔德·达菲、玛丽·克莱、凯利·加拉格尔、谢利·哈韦恩、布伦达·米勒·鲍尔、卡蒂·伍德·雷、玛丽·霍华德、唐纳林·米勒、约翰·梅迪纳、肯·韦森、道格·费希尔、琳达·甘布里尔、南希·阿特韦尔、克雷尔·兰德里根和塔米·马利根。

感谢洛丽·萨博和阿莉森·贝内！关于这本专著，虽然他们已经从我们这里听到了很多，但他们一直设法以新鲜的眼光来重新阅读，为我们提供反馈，帮助我们阐明书中一些文字的意义，帮助我们对学生的基本情况、教师的教学工作以及“每天阅读五项”这一项目更深入地进行思考。他们对我们的工作产生了深远的影响。

感谢斯腾豪斯出版社的朋友们！他们已成为我们大家庭的一部分。这些朋友包括钱德拉·洛、吉尔·库利、丽贝卡·伊顿、查克·勒奇、托比·戈登、内特·巴特勒、克莉丝·唐尼、比尔·瓦尔纳、卓菲亚·麦克马林、莉萨·伍德、帕姆·金、杰伊·基尔伯恩、伊莱恩·西尔、埃琳·特雷纳和丹·托宾。他们对我们的鼓励、对我们所提供的信息的信任以及长期以来对所出版的专著作者的支持，为各地的教师和学生创造了至高水准的专业资源。玛撒·德鲁里，她的图书设计曾获过奖项，我们的专著也因为她的设计而活力四射。斯腾豪斯出版社的朋友们，我们向您诸位致敬！

在此，我们还要特别感谢斯腾豪斯出版社的编辑菲利帕·斯特拉顿！由于您非凡的建议、引导和耐心，以及安排极佳的编辑工作，这本书才如此出色，超出了我们的想象。您拥有如此难得的才气，确实是斯腾豪斯出版社的心脏和灵魂。我们非常感谢您，想称呼您“编辑加朋友”！

我们非常感谢家人的爱和支持！不管我们做什么，他们都帮助我们快乐地度过每一天。我们的家人包括道格、迪安、若利、布拉德、埃米莉和玛德琳等等；在此，我们仅向主要的家人表示感谢！

最后，读者朋友们，非常感谢您与我们一道，为我们成功培养学生们的独立阅读能力提供支持！我们的专著能成为您的专业藏书，深感荣幸！

第一章　过去与现在：“每天阅读五项”体系的发展历程

在运行这一项目时，教师的典型性做法是吩咐学生做很多“事情”。我正在让学生做的事情是如何培养他们的读写能力。

——雷吉·劳特曼

自最初与学生们一起在我们自己的教室里开创和实施“每天阅读五项”这一项目，紧随着我们第一本专著于2006年出版，我们便有机会与世界各地的教师一起工作。让我们激动和深感满足的是，你们当中很多人，以及你们的学生都通过实施“每天阅读五项”这一项目体验到了成功！我们一直以学生为工作对象，一边从他们身上学习，一边与他们一起学习；因此，“每天阅读五项”之内涵才得以精炼和提高。不论你是从一开始就与我们一起开拓这一项目，还是刚刚加入我们，这一新版本反映了学生们最新的学习状况和我们对“每天阅读五项”这一项目之内涵的提升。

如果把这一新版本的目录与原先的版本做一比较，你会注意到，新版本在内容以及编排组织方面有很多变化。我们已尽力使启动和承接“每天阅读五项”这一项目的整个过程更具可操作性；并且，其中的一个附录是启动“每天阅读五项”这一项目和“理解、准确、流畅暨词汇扩展”体系的课程计划。（“理解、准确、流畅暨词汇扩展”系统将评估融入学生的日常阅读活动和教师的课堂教学之中。）

对于“每天阅读五项”这一项目在结构方面的一个变化，或许你们当中有人已经松了一口气。我们不再每天都把这一项目里的五项任务全部运行一遍；其实，你们当中有很多人已经在这么做了。新版本描述了在低幼年龄段的学生身上和在高年龄段学生身上运行“每天阅读五项”的不同——尤其是在耐性较多的学生身上和在耐性较少的学生身上运行这一项目的不同。对于耐性较少的学生，我们通常使其适应“每天阅读五项”里的三项任务；对于能将独立学习持续较长时间的学生，我们使其适应这一项目里的两项任务。关于如何在一天和一周里对这两组学生的学习活动进行管理，我们也做了描述。

无论何时启动“每天阅读五项”，我们一直是先向学生介绍五项选择中的“读给自己听”这一选择（即“任务”）。然而，与此专著的第一版相比，新版本的一个显著变化是向学生介绍“每天阅读五项”里的其他任务的顺序。

我们不再把“读给别人听”作为第二项任务来介绍，而是把“写作训练场”作为第二项任务。关于向学生介绍其他任务，什么样的顺序适合我们这里的学生，我们就以什么样的顺序来进行。但是，我们如何知道何时应该介绍其他任务？在学生启动新任务之前，我们应该做哪些准备工作？在第六章和第七章，我们将讨论认准何时启动新任务的策略，以及“如何为轻松启动新任务铺好道路”的策略。

为了回复来自教师、校长和读写教学组长的询问，在新版本里，我们增加了一节，探讨在教室里启动“每天阅读五项”（以及“每天数学三项”）的先决条件。大家会惊喜地发现不需要投入多少资金做什么教室改造，让孩子通过主动选择和加强练习，就可以取得令人瞩目的成绩。在教室里进行的读写教学实验的成功清楚不过地说明了这一点。

需特别注意的是，无论是启动“每天阅读五项”，还是启动“每天数学三项”，无论是面向全体学生进行授课，还是面向一小组学生进行授课，我们密切关注当前正在进行的脑研究及其对课时长度也许存在的影响。你们将了解到当前的脑研究对我们发展和提炼“培养独立能力的十个步骤”（将在第三章进行讨论）的影响，并注意到“培养独立能力的十个步骤”在运行“每天阅读五项”这一项目时所发挥的核心作用。

虽然脑研究提高了我们在与学生相处时的意识水平，但我们依然把一些“晴雨表学生”招收进我们的班级。这里的“晴雨表学生”指的是那些自身变化能显示教室里的“天气”的学生。我们确实有热情与这类学生相处，并且已经开发出旨在按照这类学生自己的速度来培养其耐性的系统，即使他们的速度与班级里其他学生的速度不同。在新版本里，我们谈到了许多与“晴雨表学生”相处的策略。

当然了，如果仿照“每天阅读五项”创建的全新设计、框架精巧的“每天数学三项”未出现于新版本中，我们简直无法想象那样的新版本会是怎样一般情形！你们会注意到，与“每天阅读五项”一样，“每天数学三项”

里没有具体的数学方面的内容。“每天数学三项”是一个体系，用来教导学生如何独立学习数学；如果这一目的得以实现的话，我们在讲授数学的时候既可以对单个学生进行指导，也可以对一小组学生进行指导。“每天数学三项”是一个把数学板块聚合到一起的配置；我们非常愿意与你们分享其在课堂上的使用情况。

“每天数学三项”和“每天阅读五项”是我们一起设计、讲授和提炼的两个体系。无论你是坐在我们的学术会场中，还是坐在我们的课堂里，还是与我们一起喝咖啡，打动你的将是：我们在引导学生如何学习方面以及为学生讲授读写和数学方面的热情和方法非常一致。在这本专著里，我们自始至终都在使用“我们”一词，这是非常自然的；这不是因为我们在一起从事教学工作，而是因为我们安排学生的学习活动和与孩子相处的方式是相同的。我们不想令“我们”一词的使用给你们带来困惑，但这一词的使用，证明了“与你交谈的是谁”“你参观的是我们哪一间教室”等等并不重要。你会在两个教室里观察到同样的行为，听到师生们说同样的话语。毕竟我们在这方面志同道合嘛！

现在，我们邀请你们与我们一起在“每天阅读五项”的发展之旅上继续前行；请你们将其带入自己的课堂，并且通过在自己的学生身上进行尝试，将其化为自己的教学本领。我们非常愿意聆听它在你们那里的发展状况！

开始之际

刚开始当教师的时候，我们就强烈意识到这个行业的快乐与挑战。有的学生狼吞虎咽地读完他们手边每一本分章节故事书；另外一些学生竭尽全力“盗走”页面上的每一个字。并且，我们生活在一个居民成分极其多样化的社区里；教室里的很多学生，有其他语言的读写能力，但英语和美国生活对他们而言，是全新的挑战。每一个州及其所辖的每一地区，都对学生的语言使用能力提出自己的标准，然而，面对范围如此广泛的需求，我们管理和教导学生的知识水平非常有限。

在我们刚开始从事教学工作的那几年，如果在上读写课时走进我们的教室，你们也许会看到：有的学生坐在课桌前，静静地在指定的作业簿上写着什么；有的学生聚集在活动中心，看起来非常忙碌，但詹森除外。他在削铅笔，并打扰坐在他附近的一组学生。同时，由六名学生组成的一个小组坐在我们面前，准备上阅读课。我们非常认真地教着阅读课，但必须离开面前的这六名学生，跑到詹森那里，管了管他，并为活动中心那里的另一名学生提供帮助。接着，我们跑回阅读小组，但是，哎哟！我们又得回到活动中心那里，奔凯蒂而去，因为她在图书陈列区闲逛，并打扰想在她附近学习的其他学生。凯蒂说她在找一本书。我们皱了皱眉头，快速帮她找到一本。这时，我们回头看看自己刚刚离开的阅读小组，他们已经不再阅读我们让他们读的那一节，而是在相互展示如何把腋窝弄得吱吱响。于是，我们又马上朝阅读小组奔去，并在半路上管了管几名学生。在每天的阅读课时段，我们表现得就像在疯狂地跳舞。

在一整天的教学活动结束之时，我们将学生们解散以后，便沉重而疲惫地坐到距身边最近的椅子上。我们热切地看着外面的好天气，它好像召唤我们快去好好地散个步。但我们的眼睛落在学生们在读写时间里做出的一堆堆“东西”上。这些东西范围极广，从区级阅读项目所要求的作业，到学生以“写长法”把某个故事持续写一周而写出来的东西：书的封面，透视画，画着故事主要人物头像的海报。在我们想对几个小组或者单个学生进行指导时，所有这些“东西”，还有另外很多“东西”，都让学生忙碌得不得了，但结果非常失败。因为是我们让学生做了这些“东西”，所以我们不得不逐一看一看，最起码在纸上打一个分数。我们不知问过自己多少次：“这些东西的作用是不是只是让我们的学生处于忙碌状态？抑或我们的学生忙碌的是对他们的读写能力培养来说非常重要的任务？”我们从椅子上站起来，奔向那堆可怖的作业。半途中，我们发现，上一周我们努力创建起来的几个活动中心当中有两个一片混乱，我们心烦意乱。于是，我们停下来，稍事整理，并以第二天要用的材料将其充实了一下。这时，我们已经开始担心，周末我们恐怕得多花点时间再创建几个活动中心，以便让学生们处于忙碌状态。

再晚一点，在检查完这一堆“东西”的时候，我们瞥了一下时钟。这时，我们发觉自己越来越累，然而还没开始查看从前一周到现在我们对学生的表现所做的评估，也没有核查第二天要在写作工作室讲授的“焦点课”是否已准备妥当。我们把大部分时间用来准备要给学生布置的作业，以及检查学生们匆忙做出来的作业。学生们似乎没有取得我们认为他们在读写方面应该取得的进步。

时间已经过去好几年了，请你们现在再走进我们的教室来看一看。此时，有一名学生正优哉游哉地哼着什么。有一些学生正躺在地板上，读书给自己听，他身边的书籍收纳篮里装满了“适合自己的图书”；离他们很近的一名学生正在看一本书里的图片，遇到滑稽之处，便大声笑起来。有一名学生正在做笔记，抄录的是一本《国家地理》杂志里的有趣之处。在教室的一个角落里，有一些学生正蜷曲在坐垫上，与同伴一起阅读、讨论《谵妄》丛书里一处极其激奋人心的地方。两名学生正在轮换着唱读 2001 年出版的卡茨所著的儿童歌谣集《快把我拎出浴缸吧！》里的一首诗。有一些学生散坐在几张桌子边上和地板上，他们或者正在精心构思长篇荒诞故事，或者正在谱写曲子，或者正泪流满面地复述一个讲述一只宠物因年迈而于前一夜在主人家里死去的故事；此时，他们低着头，手里的钢笔在日记本上有条不紊地来回移动。在词汇收集处，即班级里的学生分享词汇表、高频词和词汇搭配模式的地方，一些学生正坐在地板上或桌子边上，双唇衔着舌尖，聚精会神地利用各种简单材料整理出哪些是新词，哪些词属于同一家族，哪些是一看即懂的词。还有一些学生手里拿着小白板，在上面拼写着自己常用的词汇。远处，两名学生正在电脑边上戴着耳机听有声读物。在那张长沙发上，一名学生手里拿着平板电脑，头上戴着耳机，正在聆听有声版的分章节故事书。

现在，你们也许要费点劲儿环视一下整个教室才能找到我们。这时，你们会发现，我们或者正跟一个由两三名学生组成的小组待在一起，认真练习一项理解策略，或者正专心地与学生单独交谈，向其示范一种新的旨在提高阅读准确率的策略。曾几何时，我们得暂时离开身边的小组或者停下正在进行的交谈，去管一管其他学生，但这种日子已不复存在了。实际上，我们是背对着其他学生的 —— 甚至都不看他们一眼！但他们正在自己学习，已经完全具备独立能力了。我们把注意力的中心放在面前的学生，不必凭直觉去判断哪位学生需要一个眼神或者一句提醒来管一管。其他学生走过来问问题或者打另外一名学生的小报告的情况极少发生，我们不会因为此类事情分神。那些没有和我们一起小组活动，或者自己在做私下交谈的其他学生，一直在独立地学习。

一天的学习活动结束了，学生们即将离开的时候，我们简短地跟每名学生聊了聊。这时我们很容易就回忆起每名学生在这一天里取得的成就。把这些成就跟他们分享之后，他们每个人的脸上都绽露出自豪的笑容，我们回复的是一个许诺“我们会一直想念你们直到明天再见”。

将学生们送出门之后，我们转身而回，将教室巡视了一下。这里捡起一支笔，那里揭掉一张便条贴；经过电脑边上的时候，停下来查了查自己的电子邮箱；然后，给一名学生家长回了电话，跟他讲有关与下周实地考察有关的事宜；最后，检查了图架上的纸张，确保第二天足够使用。

然后我们坐下来，查了一下“在线交谈记事簿”（其名曰 CCPensieve，即 cafe conferring pensieve）里的当日“交谈和评估”记录。此时，我们注意到，艾莉在运用“检查自己是否明白”这一策略方面取得了进步，并对这一策略的运用产生了元认知意识。我们据此做出安排，计划在第二天与艾莉在线交谈时强化她对于这一策略的意识，并向她推荐“理解、准确、流畅暨词汇扩展”菜单里另一种旨在提高理解力的策略 —— 即“倒回去重读”。（此处提到的这两种策略以及其他阅读策略，在《理解、准确、流畅暨词汇扩展》[波什、莫瑟，2009] 一书中有详细讨论。）我们也注意到了与埃德加多在线交谈的流水记录，发现他在识别“字母组块”和“发音组块”方面仍有困难。我们决定第二天跟他和另外两名面临同样挑战的学生一起练习此技巧。我们通过检查在线交流记录得知，我们指导过的一个由三名学生组成的小组已取得进步。他们阅读的书目皆由里克 · 赖尔顿所著；他们在运用“边阅读边提问题”的策略，为达到“理解、准确、流畅暨词汇扩展”菜单中的“理解”这一目标而努力。我们在笔记本上记下要对英格丽德的情况进行复核；她正在运用“理解、准确、流畅暨词汇扩展”菜单里名为“利用词的一部分（即前缀、后缀、词源、缩写）来确定该词的意义”的策略，为达到“理解、准确、流畅暨词汇扩展”系统规定的词汇目标而刻苦用功。

自学生们离开教室，约 35 分钟过去了。我们停下手头的工作，抬头看看时钟，然后向窗户瞥了一眼，外面依然晴好。我们又将教室扫视了一遍，确定明天要用的一切已准备就绪，然后抓起外衣和钥匙，飞快地向门口奔去 —— 外面，光线依然充足；我们的劲头儿，也足以带着狗好好走上一段。

什么改变了?

作为讲授读写课的教师，我们的生活有两种不同的面貌。关于后一种面貌，你们接下来会在此书中看到。（是的，西雅图的天气并不总是阳光明媚，一片晴好，并且你可以带上狗出去散步的那种；实际上，这里很少有晴天，因此真有阳光照耀的时候，我们就要走出去享受它！）

与以前不同的是，现在，我们把常规教学工作与“每天阅读五项”的框架结合了起来。在教室里组建这个学习结构的时候，至关重要的是，要把教学的焦点聚集在运行“每天阅读五项”的每个环节时，学生和教师要做的事情。是这种明确的教学活动和行为练习把“每天阅读五项”与此前几年里我们尝试过的其他教学管理体系区别开来。

以前，我们从来没想过要为自己的读写教学板块创建一个新框架。如果能使学生独立投入到有意义的阅读练习中，我们就可以对单个学生或者一小组学生进行指导；但在当时我们做不到这一点，对此我们颇感沮丧。我们只是希望有人能告诉我们，对学生和教师来说什么是可行且颇为有效的方法。我们非常积极地寻找方法来解决我们遇到的难题，但是没有现成的答案摆在那里等着我们。于是，我们拜读了业内一些颇受尊敬的同行的著作——玛格丽特·穆尼（1990）、雷吉·劳特曼（2003，2005）、理查德·阿灵顿（2009，2012）、露西·卡尔金斯（2012）、南希·阿特韦尔（1987）、史蒂文·克拉绅（2004）、迈克尔·普雷斯利（2001）、谢莉·哈韦恩（1992，2001）等等，不一而足。我们阅读、研究了他们发表的所有文章，并且与同事每天都讨论一下是否有所发现。我们的做法跟斯科特一样。斯科特是我们班级里的一名学生，正读一年级，对火车着迷。他读了关于火车的所有的东西，他自己写的每一个故事都与火车有关，并且他一天到晚都在摆弄玩具火车。我们也着迷于自己正在做的事情，坚决要找到更有效的方法帮助学生独立从事有意义的活动，这样我们便可以不受打扰地对一小组学生或者单个学生进行指导。我们赞同盖亚・莱茵哈特、内奥米・齐格蒙德、威廉・库里（1981）在其合著中提到的观点：教师构建学习环境的方式和学生支配时间的方式会影响到学生将在学年末达到的阅读水平。

我们开始更加密切地关注自己为学生构建学习环境的方式，并且制定了一套新计划，以便在我们对一小组学生进行指导或者与单个学生交谈的时候其他学生能独立地将时间用于学习。

我们想改变教室里的氛围以及我们自己的角色。我们想的不是去努力“管理”学生，即跑来跑去地“灭火”，而是创建一些常规活动，以使学生养成独立读写的行为习惯。我们的目标是使学生能专心致志地读书、写作，能将我们的期望内化于自己的头脑，并能与我们分享成功的经验。表 1.1 展示的是近年来为了达到此目标我们对自己的实践做出的改变。

表 1.1[1]

教学管理之演变过程			
管理元素	最初几年的教学	十年后	现在，运用“每天阅读五项”来培养学生的独立读写能力
新行为的讲授和学习	我们将行为说一遍，期待学生知晓并做出这些行为。	我们把行为讲解、练习一两遍，期待学生知晓并做出这些行为。	我们讲解、练习学会某些行为的技巧，一直到这些行为成为习惯和默认行为为止。

1　英文原书图、表不分，均用 Figure 一词指代。译为中文，不得不做区别。但为连贯考虑，一章内容中图、表不做分别序列。——编注

教学管理之演变过程（续表）			
对学生的期望	我们认为，学生在来到我们这里之前已经知道什么是恰当的行为。	我们认为，大部分学生应该知道什么是恰当的行为。如果他们不知道，我们就花一两节课的时间教他们。	我们知道每个班级都是不同的，并用至少二十天的时间来创建社区、界定并练习各种行为、培养耐性、评估每名学生的需求。
监控学生的行为	我们通过告诉学生他们表现得好或者不好来监控他们的行为。	我们开始放手，让一些有能力的学生自我监控其行为；并继续监控那些最具挑战性的学生的行为。	运行“每天阅读五项”时，所有学生都自我监控其行为。在每一项“任务”结束之际，他们思考一番，并为下一项“任务”制定行为目标。
班级管理	如果学生做出了符合期望的行为，我们奖励给该班级一定的分数。	如果学生做出的行为是我们所期待的，我们对其进行表扬。我们指派一名学生记录奖励给该班级的分数。	全班学生练习、界定，并弄清楚如何做出符合期望的行为。不需要奖励给他们分数。

表 1.1（续）

教学管理之演变过程（续表）			
小组管理	如果学生做出了符合期望的行为，我们奖励给该小组一定的分数，并将之写在记事板上。	由一名学生担任小组长，负责把奖励给他们组的分数登录在记事板的图里。	一小组学生练习，并相互鼓励要做出已被界定的、符合期望的行为。不必奖励给他们一定的分数，也不必进行物质奖励。
个人管理	如果学生做出了符合期望的行为，我们奖励给他一张“行为明星”卡片。	我们告诉学生他赢得分数奖励的时候，他记录下此分数。	学生自我反思，并跟我们交谈他们要努力达到的具体行为目标。
做出不符合期望的行为的学生	我们让其把一张“卡片”由绿色翻成黄色，由黄色翻成红色；并且此卡片公开展示，以供全班观览。 课间休息时，该学生低头待在指定的地方。	我们在只有学生本人能看到的剪贴板上打一个“√”或者将具体情况记录下来。记号打到三个的时候，课间休息时，学生待在指定的地方。 课间休息时，学生在指定的地方静坐。	课间休息时，学生可以稍事练习一下符合期望的行为。该学生也许会明确地把此行为作为自己要努力达到的目标。

教学管理之演变过程（续表）			
控制点	学生有外部控制点。我们对符合期望的行为给予奖励。	我们开始教学生如何自我监控某些行为，并告诉他们做每一种符合期望的行为的理由。	学生有内部控制点。学生对在校期间的时间、学习活动和行为培养有迫切感，通过相互鼓励和支持增强责任感。

我们不再满足于在我们的读写课程和日常管理事务之间画一条清晰的界线，反而想在教室里的一个个“社区”里工作，为每个学生创造出一种阅读活动、写作活动和自我监控密切联系的环境。我们得相信，我们的学生，甚至是那些只有五岁的学生，具备接受挑战的技能，也渴望接受挑战，即在持续的独立学习时段里，经过一番深思熟虑之后，他们会做出正确的选择。

工作的焦点比以前更清晰了，我们的注意力便转向了专家们如何描述哪些学生是具备独立学习能力的学生，以及哪些任务有助于培养学生的独立学习能力。

“每天阅读五项”之演变

我们初次接触“每天阅读五项”，是在我们与来自新西兰的读写讲授专家玛格丽特·穆尼一起研究读写教学的时候。在她正向一组教师明确地示范如何讲授指导性阅读的时候，有人站出来抱怨说：“玛格丽特，我不明白‘指导性阅读’如何在我的课堂上起作用。你看，我有三十名学生，在我想指导一小组学生阅读的时候，其他学生该干什么？”

玛格丽特回答道：“噢，你看——他们在阅读、在互相读给对方听、在重读已经读过的书、在写作和尝试新东西。”

我们迅速把玛格丽特说的话记下来。记得我们当时还说：“这似乎太简单了。就是创建几个活动中心吧？就是给学生发几本习题册吧？如果学生不交几页作业给我们批改，我们怎么知道他们在学习？你是如何让所有学生独立完成所有这些任务的？”

我们向同事们请教，想看一看关于这几项任务，他们是否同意玛格丽特的说法。在我们对一小组学生或者单个学生进行指导的时候，真的可以让其他学生做这些事情吗？关于其中的每项任务，专家们的研究是怎么说的？

我们这样坚持下去的时候，发现很多研究者不仅自己明白这些，而且还呼吁了多年。这些任务在课堂上起着至关重要的作用；完成了这些任务之后，学生便具备了独立学习能力。

我们最初从玛格丽特那里学来的任务列表，后来演变成以下五项任务：读给自己听、读给别人听、写作训练场、听有声读物和拼写 / 词汇学习；并且，我们一直在对这五项任务进行调查。但是，这五项任务本身并不足以使学生具备独立能力。学生参与这些任务的时间还需要延长。在国际阅读协会 2011 年美国会议上，理查德·阿灵顿提出，一名学生每天最少要花 90 分钟来训练高效阅读（准确率为 98%，能看懂短语，理解率至少为 90%）。对学生的任何阅读指导应在这 90 分钟之外进行。

这个时间长度，不仅比我们当时为读写板块安排的时间长，而且我们明白，要成功地把阅读时间持续这么久，我们的学生亟须培养耐性和独立能力。

是什么使“每天阅读五项”凸显出来？

想一想当下你们是如何管理读写板块的。你运用的是基础阅读教学、布置和检查课堂作业、在一个个活动中心开展教学活动、让学生在阅读 / 写作工作室学习读写？还是把这四者结合起来？我们发现，无论在何种场合，这四者我们都用。

回顾一下自己的教学实践，我们看到，在管理读写板块方面，我们行进的方向非常明确（如表 1.2 所示）。起初，我们采取的是教师驱动模式；此模式依赖学生匆忙做出来的作业、习题集、打包发放给学生的电子资料、不真实的阅读和写作活动，其结果是学生的投入程度较低。后来，我们创建了几个活动中心；再后来，我们采取了工作室模式；最后便是我们现在的样子。设计“每天阅读五项”这一项目，其目的是让学生通过参与其中的每项任务来培养自己的耐性和独立能力，从而，在拓展时段里他们能全身心地投入到有意义的、真实的阅读和写作活动中。在每天要做的这五项任务中有很多东西可以由参与者自行选择，因此，学生学习知识的积极性和投入程度得以提高。在他们投入到这种真实的阅读和写作活动中时，我们便可以跟一名或一些学生相处，比如跟某学生单独交谈，或者对某一小组学生进行指导；这些交谈或指导是基于学生的需求安排的，是我们对学生的表现进行评估后的结果。在《理解、准确、流畅暨词汇扩展》一书中，我们除了探讨如何评估学生和管理评估结果之外，还探讨了如何教单个学生和一小组学生，以及我们要教给他们的是什么。《理解、准确、流畅暨词汇扩展》一书也提供了我们常规教学活动的组织结构。（波什、莫瑟，2009）

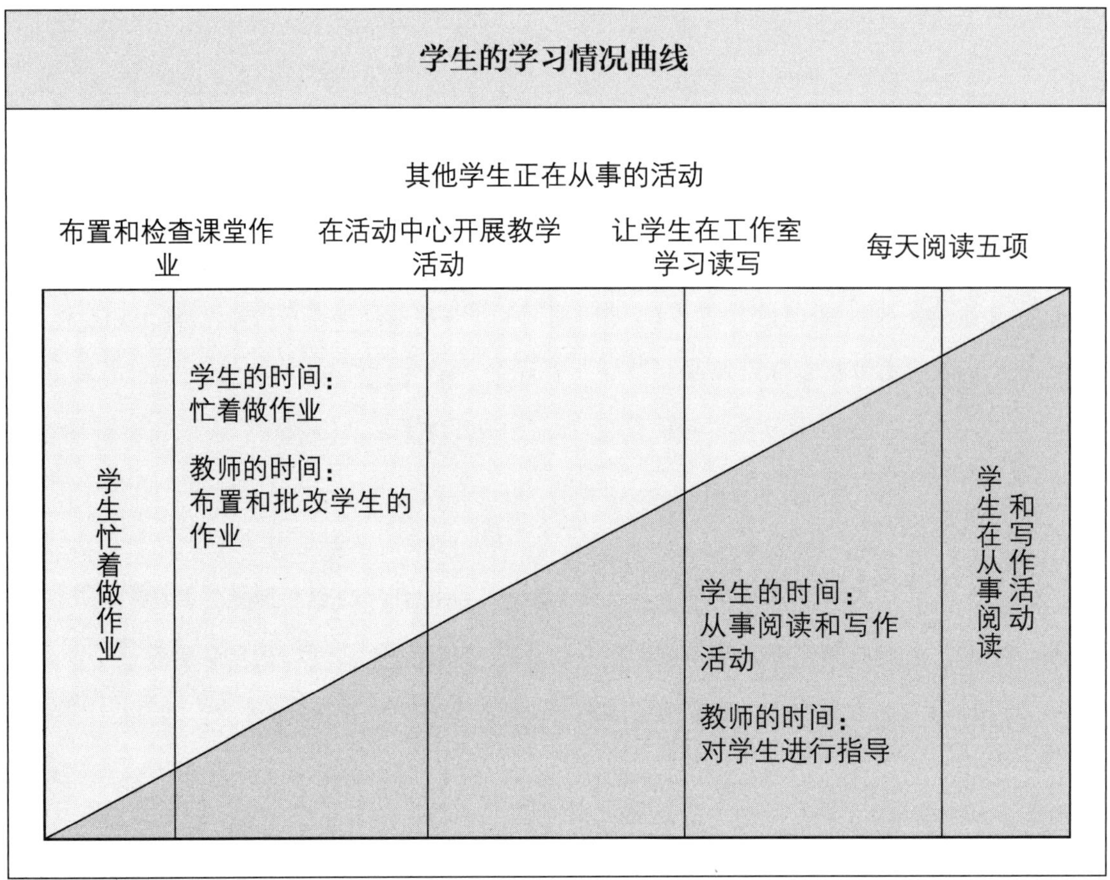

表 1.2

我们当中有很多人对基础阅读教学、布置和检查课堂作业和在一个个活动中心开展教学活动这些结构很熟悉。这些结构我们在参加教师上岗培训的时候曾经学习过；在某些地方，依然有人在使用这些结构。但是，很多教师像我们一样冒险创建了读写工作室。“每天阅读五项”这一项目采取的是工作室模式。实际上，它是把三个工作室合在一起。表 1.3 展示的是“每天阅读五项”这一项目跟其他管理系统的不同之处。

对任何教师来说，在新学期的前几周要做的事情是为接下来的常规教学工作做好安排和创建学习社区。如果你们在几年前问我们新学期的前几周我们这里是如何一番情形，那时我们会说：“我们从头开始讲授基础阅读，

是什么使“每天阅读五项”凸显出来？	
学生	教师
在拓展时间里投入阅读和写作	在多种环境下投入地教学：一对一、一小组学生、全体学生
在培养、保持独立能力和耐性方面，接收明确的、焦点清晰的指导	明确地教学生如何利用“教授与学习独立的十个步骤”来培养和保持独立能力和耐性
从教师与全班学生、一小组学生或单个学生的交谈中接收指导，以满足自己的需求	· 每天给全班学生上三堂焦点课 · 保留每天选择性地指导一到三组学生的做法 · 每天需与九到十二名学生单独交谈
参与任务时需专注、努力学习技能和策略、在教师与学生之间以小组或一对一两种方式进行的交谈中接收教师的指导	借助“教授与学习独立的十个步骤”明确地教学生在参与任务时要专注、通过一对一交谈和与学生小组交谈两种方式培养学生的责任感
关于如何管理自己的选择，从教师那里接收明确的指导	把选择的目的、如何进行选择以及什么样的行为可以表明所做的选择是成功的等等教给学生
选择读写的内容、选择参与读写活动的地点和选择读写之间的先后顺序	教给学生如何选择读写的内容、如何选择参与读写活动的地点和如何选择读写之间的先后顺序

表 1.3

然后由此向前推进。”回想一下当时的情况，我们认识到，那时我们在盲目地讲授课程表上的内容，而没有像现在这样考虑学生来到我们教室时的个人需求和独特需求。

现在我们以一种不同的方式开启新的学年。“每天阅读五项”这一项目是常规教学工作的基本框架，新学期的前几周全用来启动这一项目，逐步使学生养成独立读写的习惯。这段时间也用来对学生进行诊断性评估，以便为决定接下来如何开展教学工作提供信息和指导。

即使你们是在年中开启“每天阅读五项”这一项目，这本专著也可以为你们的启动工作提供指导。如果你因为把太多时间耗在管理学生上，没有足够时间为学生提供要求严格但气氛活跃的阅读氛围而感到挫败，那么“每天阅读五项”这一项目框架也许是你正在寻找的东西。

作为专业人士，我们为读写板块安排了大量学习活动。为了提高学生阅读时的理解力、准确率、流利程度和增加他们的词汇量，我们教给他们一些特定的阅读策略。我们的阅读教学活动以下列方式开展：与学生以分享的方式共同阅读某些材料、对学生小组进行指导、与单个学生交谈、为学生示范如何大声朗读。我们为学生提供写作机会，教给他们写作的格式、写作的过程、各种体裁的特点以及写作的惯例。我们教学生要勤于思考，学会自我反省，要朝地区标准、州标准和国家标准努力。此外，我们既正式地也非正式地对学生进行评估，因材施教，并时常监控他们的进步。我们怎么能够做好所有这些事情而没有逐末忘本，或者说，头脑依然保持清醒？“每天阅读五项”这一项目为“综合读写”的各种任务提供了一个框架，帮助我们简单而有效地管理读写教学时间的分分秒秒。

对“每天阅读五项”概述

无论是在一学年的初始还是在中期开启“每天阅读五项”这一项目，我们都从“读给自己听”这项任务开始（参见第五章）。我们利用“教授与学习独立的十个步骤”（参见第三章）来培养学生参与“读给自己听”这一任务时的耐性；对学生能在这有限的几分钟内持续阅读，我们感到欣慰；同时，我们每天把培养耐性的时间增加一点。我们一直记着这样一个事实：在暑假之后刚返回学校之际，不管多大年龄的学生，其耐性都比较短。此时，耐性少至两三分钟的情况是很有代表性的，即便年龄大一些的学生亦是如此。对于教师期待的行为，我们想把要求定得高一点，这经常意味着我们中止学生做某项任务的时间要比我们可以设想到的时间早很多。在向学生们介绍“每天阅读五项”里的下一项任务（参见第七章第一页的列表）时，我们凭借经验，根据学生们已培养起多少分钟的耐性，慢慢增加其他任务项；这样，我们便可以在几周之内向学生介绍这五项任务，以此培养其耐性。所有的任务一旦介绍完毕，这一项目每天都要运行五轮，每一轮为时都不长；并且，学生要参与每一项任务。因此，一天下来，这五项任务里的每一项都运行了一轮。

你们会注意到，我们把“理解、准确、流畅暨词汇扩展”加进了结构图（表 1.4）。由此，你们可以全览我们的读写板块的风貌。这一板块以一堂面向全体学生的焦点课开始，其内容取自“理解、准确、流畅暨词汇扩展”菜单。然后，学生做出运行“每天阅读五项”的第一次选择。在学生们独立参与其选择的任务时，我们可以与单个学生交谈，可以对一小组学生进行指导，或者对某学生的表现进行评估。一旦发现有学生无法集中注意力或者某学生的耐性无以为继，我们就认为“每天阅读五项”的一轮运行结束了，便把学生召集起来。在接下来的四轮运行里，此模式会自我重复。

一般情况下，在“每天阅读五项”这一项目启动后八至十二周的时候，我们注意到，是因为一轮运行的截止时间到了我们才把学生召集起来，而不是因为我们根据学生做任务时出现开小差行为来断定其耐性已消失。我们认为，此时可以结束一轮运行，以便给学生更多时间让他们不受打扰地阅读和写作。由这一时间节点开始，“每天阅读五项”这一项目我们每天只运行四轮；相应地，每一轮的持续时间就变长了；学生因而可以进入凯利·加拉格尔（2009）称之为“阅读流”的状态。

在“每天阅读五项”的运行减掉一轮之后，在接下来的几天里，我们

“每天阅读五项”和“理解、准确、流畅暨词汇扩展”的结构

焦点课	学生的选择 **读给自己听** **写作训练场** 读给别人听 听有声读物 词汇学习	焦点课	学生的选择 **读给自己听** **写作训练场** 读给别人听 听有声读物 词汇学习	焦点课	学生的选择 **读给自己听** **写作训练场** 读给别人听 听有声读物 词汇学习	焦点课	学生的选择 **读给自己听** **写作训练场** 读给别人听 听有声读物 词汇学习	焦点课	学生的选择 **读给自己听** **写作训练场** 读给别人听 听有声读物 词汇学习	焦点课
7到10分钟	教师的选择 与单个学生交谈 对学生小组进行指导 评估	7到10分钟	教师的选择 与单个学生交谈 对学生小组进行指导 评估	7到10分钟	教师的选择 与单个学生交谈 对学生小组进行指导 评估	7到10分钟	教师的选择 与单个学生交谈 对学生小组进行指导 评估	7到10分钟	教师的选择 与单个学生交谈 对学生小组进行指导 评估	7到10分钟
面向整个班级		面向整个班级		面向整个班级		面向整个班级		面向整个班级		面向整个班级
理解		理解、准确、流畅暨词汇扩展		理解、准确、流畅暨词汇扩展		理解、准确、流畅暨词汇扩展		理解、准确、流畅暨词汇扩展		复习课、分享

表 1.4

“每天阅读五项”运行五轮示意表

“每天阅读五项”和“理解、准确、流畅暨词汇扩展”的基本结构

焦点课	学生的选择 **读给自己听** **写作训练场** 读给别人听 听有声读物 词汇学习	焦点课	学生的选择 **读给自己听** **写作训练场** 读给别人听 听有声读物 词汇学习	焦点课	学生的选择 **读给自己听** **写作训练场** 读给别人听 听有声读物 词汇学习	焦点课
7到10分钟	教师的选择 与单个学生交谈 对学生小组进行 指导 评估	7到10分钟	教师的选择 与单个学生交谈 对学生小组进行 指导 评估	7到10分钟	教师的选择 与单个学生交谈 对学生小组进行 指导 评估	7到10分钟
	20-30分钟 对一小组学生 进行指导 与三至四名学生单 独交谈		20-30分钟 对一小组学生 进行指导 与三至四名学生单独 交谈		20-30分钟 对一小组学生 进行指导 与三至四名学生单独 交谈	

表 1.5

“每天阅读五项”运行三轮示意表

的学生只需参与四轮运行；他们可以从这一项目的五项任务中选出四项来参与。等我们再一次发现，是由于一轮运行的截止时间已到而不是由于学生的耐性已消失我们才终止其运行时，我们便再从中减掉一轮。

表 1.5 和 1.6 里展示的是，在项目启动后八至十二周的时候，一旦学生的耐性培养起来了，我们的读写板块会呈现出如何一般样态。如同表 1.4、表 1.5 展示的项目运行情况，与耐性较少因而只需参与三轮的学生有关。在很多时候，我们安排低年级的学生如此运行“每天阅读五项”。话虽如此，有时候，我们这里五年级和六年级学生的耐性恰巧有限；这样的学生每天也只需参与“每天阅读五项”的三轮运行。我们不根据学生的年龄决定其要参与项目运行的轮数。每日参与项目运行的轮数反应的反倒是学生能持

表 1.6
“每天阅读五项”
运行两轮示意表

针对中间各年级和只上半天学的幼儿园学生的“每天阅读五项”和“理解、准确、流畅暨词汇扩展”之结构

焦点课 7到10分钟		焦点课 7到10分钟		焦点课 7到10分钟
	学生的选择 **读给自己听** **写作训练场** 读给别人听 听有声读物 词汇学习		学生的选择 **读给自己听** **写作训练场** 读给别人听 听有声读物 词汇学习	
	教师的选择 与单个学生交谈 对学生小组进行指导 评估		教师的选择 与单个学生交谈 对学生小组进行指导 评估	
	30-40分钟 对一至二小组学生进行指导 与三至六名学生单独交谈		30-40分钟 对一至二小组学生进行指导 与三至六名学生单独交谈	

续独立阅读和写作的时间。

对于那些有较多阅读和写作耐性的学生 —— 往往是中级程度的学生，但不总是如此 —— 或者对于只上半天学的幼儿园学生，“每天阅读五项”这一项目每天运行两轮长段比较合适。表 1.6 展示的是每天运行两轮长段“每天阅读五项”的读写板块的状况。

你们会注意到，在表 1.4、1.5 和 1.6 中，“读给自己听”和“写作训练场”两项任务以粗体字呈现。在每天的“五项任务”运行中，所有的学生必须选择这两项；在学生们参与“读给自己听”的耐性得到充分培养之后，我们才会向他们介绍第二项任务 ——“写作训练场”。虽然这两项任务都是必选项目，但学生仍有自由选择参与这两项活动的先后顺序；每天，他们可以根据自己的目标、积极性和心情选择不同的顺序。学生们心里清楚，在一周结束之前，为了帮助他们实现各自的目标，教师已做出安排，让他有机会参与所有五项任务。于是，在“读给自己听”和“写作训练场”这两项任务完成之后，学生们根据时间多少来安排选择另外三项任务。有选择权是学生们喜爱“每天阅读五项”这一项目的关键原因之一；他们通过参与这一项目培养自己的阅读习惯，大大提高自己的阅读能力。

有较多耐性的学生，在只需参与“每天阅读五项”之两轮（其中一轮是“读给自己听”，另一轮是“写作训练场”）运行时，却可以从所有五项任务中做出选择，这似乎有些费解。我们发现，有较长耐性的学生，其阅读能力经常都比较高。学生们一旦读到三四年级或者更高年级，他们就会变成“在头脑里”阅读的人，喜欢“读给自己听”，把对“读给别人听”这一任务的需求弃之度外。一般情况下，参与“读给别人听”这一任务的学生，是年纪较轻的学生或者高度听觉型学生；对于后者，只有将阅读材料大声读出来，他们才会理解所读为何。那些只需参与“每天阅读五项”之两轮运行的学生，可以以任何顺序做“读给自己听”和“写作训练场”这两项任务。然而，总有例外。为了满足每一名学生的需求，我们指导那些需要参与“听有声读物”“读给别人听”或“词汇学习”等任务的学生在一周的时间里也选择参与这三项任务。

同样，有些学生除了我们每天提供的绘本和有声版分章节故事书以外，不需要参与“听有声读物”这一任务。不会说英语的学生和刚学着说英语的学生也不需要参与这一任务。来我们这里学英语的学生的“第一语言”背景林林总总；我们几乎找不到其第一语言的阅读材料，因此，我们通过“听有声读物”这一任务使其沉浸于英语语言环境中，是在有效地利用他们的学习时间。所以，每天，在“读给自己听”时间，我们的学生必须选择某种阅读，要么选择“读给自己听”，要么选择“读给别人听”，要么选择“听有声读物”（如表 1.5 和表 1.6 之粗体字所示）。

如果参与两轮“每天阅读五项”的学生需要选择“词汇学习”这一任务（并非所有学生都需要做），他们登记好要参与“写作训练场”这一任务后，便可以利用秒表或者时钟为自己计时，参与“词汇学习”这一任务达10分钟之久。然后，他们可以静静地把材料收拾好，直接进入“写作训练场”这一任务。

我们的底线是，“每天阅读五项”并不是一个只需每天每月每年以同样的方式盲目跟从的规定性项目。相反，作为教育者，我们需要对自己学生的多样化需求做出反应和回应。

“每天阅读五项”这一项目和“理解、准确、流畅暨词汇扩展”菜单如何对接？

表1.4、1.5和1.6是“每天阅读五项”这一项目和“理解、准确、流畅暨词汇扩展”菜单共同运作的视觉模型。在对全体学生进行指导的时候，我们的策略取自“理解、准确、流畅暨词汇扩展”菜单；“每天阅读五项”的每一轮运行都为学生提供了可供选择的任务（教师在教学的时候也可以进行选择）。表1.5展示的是一个完整的读写板块；在这个板块中，整个班级的学生花90至120分钟学习阅读与写作。如图所示，教师以一堂面向全体学生的焦点课开始这一板块的教学工作。如上方第一个方格所注，在这堂短暂的焦点课之后，学生从“每天阅读五项”中选择一项，在项目的整轮运行中独立投入到这一任务中去。如图所示，与此同时，教师或者对一小组一小组的学生进行指导，或者与单个学生交谈，或者对学生的表现进行评估。如表1.5所示，当学生即将失去耐性时（你将会注意到，在此书中，我们自始至终都把这种情况称为“耐性消失”），教师敲响风铃，把所有学生召回来上焦点课。

在表1.4、1.5和1.6中，“每天阅读五项”这一项目及其所含的五项任务被置于图表顶部标有“学生的选择”的方框里。“理解、准确、流畅暨词汇扩展”菜单被置于数条标有“焦点课”的部分里。请注意，在这一项目的每两轮运行之间，我们都上一堂焦点课。

这些焦点课的内容来自我们的“理解、准确、流畅暨词汇扩展”菜单（波什、莫瑟，2009）。作为教师，我们确定大部分学生需要的技巧和策略，然后在某一堂焦点课上将其教给学生。表 1.7 下方标有“教师的选择”的方框展示的是“理解、准确、流畅暨词汇扩展”菜单的另一方面。

表 1.7

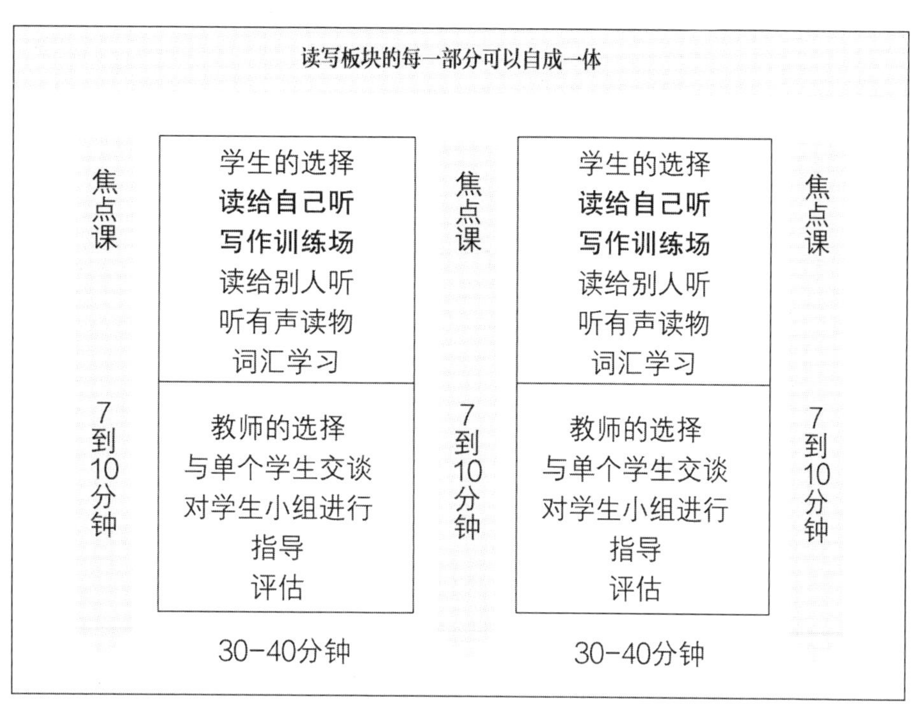

我们创建“每天阅读五项”，是为支持“理解、准确、流畅暨词汇扩展”系统中的“教师的选择”部分提供支撑。在教师对某些学生进行指导或者与某一学生单独交谈的时候，“每天阅读五项”能使其他学生投入到有效的学习当中。在全班进行五项任务的学习时，教师可以对其中的学生做小组指导，与单个学生交谈，或者评估学生表现。表 1.5 表明：正如“每天阅读五项”这一项目为学生提供了选择，“理解、准确、流畅暨词汇扩展”系统也为教师提供了选择。“每天阅读五项”这一项目和“理解、准确、流畅暨词汇扩展”系统的完美结合可以使我们因材施教，从而最好地满足教室里所有学生的需求。

由于在教室里进行的常规教学活动都有具体安排，我们当中很多人没有一段单独的、足够长的时间可以用来开展读写教学工作。“每天阅读五项”的长处之一便是，一旦我们将这一项目所含的每一项任务都引入进来，学生的独立能力也培养起来了，我们就不再需要一个不受打扰的读写板块。如表 1.7 所示，如果你的计划安排恰好没有将“不受打扰的读写板块”考虑进去，你可以一次便将焦点课上掉。在计划安排里你可以加入“休息时间”；学生在休息之后可以返回课堂开始“每天阅读五项”的第一轮运行。下一堂焦点课可以在午餐前进行，“每天阅读五项”的第二轮运行可以在午餐后进行。

例如，教六年级的教师梅特就在第一次课间休息之前，给全体学生上了一堂关于理解策略“比较与对比”（波什、莫瑟，2009）的焦点课。在这为时 7 至 8 分钟的课即将结束之际，她让每名学生做好与“每天阅读五项”这一项目有关的选择后再出去休息。学生们返回教室以后便直接投入到他们选择的任务中；梅特便开始对一个小组进行指导，之后与一名学生单独交谈了一下。“每天阅读五项”的这一轮运行持续了 40 分钟左右。在这一段时间结束的时候，她的学生到管弦乐队那里报到去了。他们回到教室的时候，离午餐时间还有 15 分钟，正好够梅特上关于将写作线索发展下去的焦点课。最后，还剩下 5 分钟，学生们在去吃午餐之前做好了关于“每天阅读五项”这一项目的第二次选择。在他们从餐厅返回教室的时候，过渡快捷且顺畅；学生们一进教室就直接投入到此前已选好的任务中。梅特一边在教室里随意走动，一边与学生单独交谈。在结束这轮为时 40 分钟的项目运行时，她留出一点时间让学生们相互分享自己的选择，然后她带领学生把在焦点课上讲过的理解策略复习了一遍。

我们以“向学生示范可取行为和学生对之进行反复练习”的方法培养出的学生独立能力，以及焦点课、登记备案和“独立学习”时间这三者在结构上的连贯性，使我们可以在一天当中的任何时候将“每天阅读五项”这一项目运行上几轮。

“每天阅读五项”仅仅是一个框架，里面没有具体的科目列表。记住这一点非常重要。这一项目是通过聚焦式教学、向学生示范可取行为和学生对可取行为进行反复练习等三方面来设计我们的常规教学活动。这一项目也帮助学生培养出耐性和独立能力，使他们能成功做出选择。一旦“每天阅读五项”成为学生的学习习惯，我们就可以利用从学生那里获得的评估、“理解、准确、流畅暨词汇扩展”菜单（波什、莫瑟，2009）和国家、州和地区的资源等，每天为学生上焦点课、与学生单独交谈、对一小组一小组的学生进行指导，从而满足由我们关照的每一名学生的学习需求和目标。

第二章　我们的核心信念：“每天阅读五项”之根基

只有当受人尊重的成年人投入到充满尊重的互动中，尊重这些成年人的学生才可以成器。

——玛丽－纳萨莉·博杜安

什么样的信仰和原则影响了你们的教学目标和学习目标？在我们努力培养学习者的独立能力时，以下核心信念是我们创建“每天阅读五项”这一项目之根基。

- 信任和尊重
- 社群
- 选择
- 责任感
- 脑科学
- 大脑和身体需要休息之际的转换活动
- 教授与学习独立的十个步骤

在这一章，我们将对在此列出的前六项信念进行描述。第三章将专门描述第七项信念 —— 教授与学习独立的十个步骤。

信任和尊重

有意义的学习活动需要师生之间的相互尊重和信任。花点时间来建立信任和表示尊重，可以为创建学习活动所需的其他所有元素奠定基础。每一名学生都值得被信任和尊重。

在研发“每天阅读五项”之前，我们低估了学生可以在拓展时间里独立阅读和写作的能力。因为我们不相信学生能做到这一点，所以不放心让他们这么做。我们对学生长时间持续独立阅读和写作的能力缺乏尊重，以至于认为他们需要有一些“活动”使自己忙碌起来。但是，在拓展时间里持续阅读对他们来讲毕竟是陌生的，而活动对他们来说肯定不是什么新事物。

后来，我们认识到，学生们在拓展时间里之所以无法投入阅读和写作，是因为我们让他们参加的是不真实的活动，没有明确教给他们如何投入地参与有意义的读写活动。此时，变化发生了。回过头来看，我们当时的做法似乎有些古怪。如果学生到我们的课堂，他们想要学会更好的阅读方法，我们会照顾到他们；我们当然会教给他们达到这个目标的技能和策略。然而，如果他们来的时候，还没具备持续读写所需的耐性和技能，我们就应该教给他们持续地读写所需的技能和策略，像教给他们阅读技能和策略那样。我们只是想当然地认为他们无法让人放心地去独立阅读和写作，所以把一些“活动”塞给他们，让他们每个人都保持忙碌。现在，我们终于认识到，可以教会他们如何培养耐性，如何长时间地专注于读写活动。

当我们信任学生的时候，“每天阅读五项”就起作用了；但我们的信任不是盲目的。学生们通过“教授与学习独立的十个步骤”（参见第三章）和指导性练习逐渐培养出有持续性的行为。我们已经教给学生如何独立地阅读和写作，我们信任和尊重他们的能力，我们可以把工作的重点放在教学上，而不是管理上。每名学生都能管理自己的行为。学生取得进步的大小取决于我们对他们的期望值。

信任学生是实施“每天阅读五项”这一项目的基础。信任就是相信别人最好的一面，即使他的行动或行为前后不一致。假如一名学生在读一本生动有趣、适合自己阅读的书时，却做不到一直读下去，所建立的信任感让我们愿意相信，这名学生还没有培养起耐性来。当我们给出明确指导，又与拓展时间的练习相结合时，学生们就能学到必需的技能，成为可信赖、独立的学习者。

有时候，有些学生虽然跟着我们学了独立学习能力培养，也做过练习，但他们还是表现出耐性不够，或者说，仍没获得独立学习的能力。但即便如此，我们也要深信，通过明确的指导，还有指导性练习，最终能培养出他们的独立能力。只有这样，我们才可以不厌其烦地对他们一教再教，一再地信任他们。看到这些孩子，我们要对自己说：“他们不是在淘气，也不是心存恶意；他们需要的不过就是更多一点的指导，更多一点的时间来培养耐性。”

玛丽亚和艾赛亚在我们这里学习的时候，他们经常是最先失去耐性的。甚至在整个学年，他们在某些日子里，都会在生理方面遇到难以克服的挑战，不能维持状态。每天，全体学生一起上完了焦点课，我们把其他学生打发到各自座位之后，我们还会私下里去找玛丽亚和艾赛亚，请他们讲讲自己的计划，确认他们是否知道自己该怎么做。在与其他学生相比，他们的专注力已经开始涣散之际，我们会亲切地把他们叫回来，重新确认他们选择的任务，如有必要，还会重复任务指令、做练习；然后再次信任他们，由他们自己安排去做任务。

有时，玛丽亚和艾赛亚不需要其他人的帮助，就能参与“每天阅读五项”的三轮运行。但在另外一些时候，需要我们有更多耐心，需要我们确定他们知道要做什么。甚至在我们感到困难的时候，最关键的还是要对玛丽亚和艾赛亚予以信任。我们知道他们在尽力把事情做好，便给予他们更多支持；我们要明确告诉他们：“即使你们这次早就失去了专注力，我们也不会把开小差的印象带入下一次读写活动当中。我们相信你们。我们相信你们能做到这一点。”

社群

我们下了很多功夫来创建和维护一个健康的教室文化。以信任和尊重为出发点，我们旨在为所有学生创造一个热爱学习、相互关爱的环境。从开学时相互认识，到一起设计进度表；从一起探讨建立规则，到团队合力完成写作，再到一起阅读和分享故事，这些都是教室文化环境的建设。我们共同在班上每多做一次活动，每增加一次课时，这个教室的环境就变得更加丰富。例如，在大声朗读过詹妮弗 · A. 尼尔森创作的《假王子》之后的几周里，听到学生们讨论里面的主人公赛奇，那是再普通不过的事情了。每个新组成的学习小组到了教室里后，都有自己的学习计划，形成各自的独特社群。这种共同的经历和知识把我们联系了起来。

社群观念促使学生们要求他人审视自己的行为是否端正、学习是否积极、是否尊重别人、是否与人为善。如果某学生在学习时间里扰乱社群秩序，社群里的其他成员便会团结起来，一起鼓励、支持，正面要求他对自己的学习行为负责。他们会经常指向贴在墙上的“独立能力图”（参见第五章的“独立能力图”一节）。例如，当米歇尔难以集中精力看书的时候，塔隆便指一指“读给自己听”这一任务的“独立能力图”，安静而又有礼貌地提醒她集中精力。

我们努力去帮助学生弄明白，每个人都处在发展中，只不过所处的阶段不同而已。他需要知道，在学习的道路上，他需要尊重自己所处的阶段，也要尊重自己同学所处的阶段。在我们的班上，两个坐在一起的学生，一个在看章节故事书，另一个拿着儿童绘本，这样的情况稀松常见。我们这样做很坦然，因为我们尊重这样一个事实，在具体的某一个时期，每个学生的选择，满足的是他的个性化需求。

一旦看重社群荣誉、相互尊重的社群文化深入人心，那么任何一个成就，甚至只是小小的进步，都会让大家真诚地感到高兴。这是团队力量的最佳作用方式。

迈克尔是我们教室里的新学生。他刚到我们这里的时候，爱挑衅惹事，而他前一位老师所写的成绩报告卡和便函都告诉我们，迈克尔的阅读能力远远低于同年级学生的水平。由于他的态度问题，到学年末，他很有可能达不到我们的标准。

当另一名学生阿曼达请他一起做“读给别人听”这一任务时，他不愿大声朗读，却只想听阿曼达读给他听。阿曼达每天都选他作阅读伙伴，劝诱他检查自己有没有明白她所读的内容，帮助他融入我们这个积极的社群里面。跟着阿曼达一起做了五天的“读给别人听”之后，轮到迈克尔朗读时，他抽出一本适合自己的图书，静静地读了起来。这一次是阿曼达检查自己是否明白迈克尔朗读的内容。在那一天的“每天阅读五项”的最后，我们复习当天所学内容时，阿曼达举手说：“我发现，在参与‘读给别人听’这一任务时，迈克尔是一名了不起的伙伴，他朗读得很流利。”迈克尔瞬间咧嘴一笑，全班的人也都兴奋起来。迈克尔后来的情况都很好，他把学年末达标当作了学习目标。现在迈克尔在我们的社群里很自在，因为在这里，大家为每一个人的进步感到自豪。

选择

自由选择对学生能够产生巨大的激励作用，这也是“每天阅读五项”的基石之一。在一篇关于“参与学习活动时的投入程度”的文章里，甘布里尔写道：“选择已被认作一股强大的力量，它使学生认识到他们是为自己而学，并使他们对自己的学习负责。研究表明，在两种情况下，学生的积极性增强：一是当学生有机会选择他们想学的内容时，二是当学生相信他们对自己的学习有自主权和控制权的时候”（2011, 175）。实际上，此时，不但学生的积极性增强了，成功的概率也增大了：“自己有权选择阅读材料的学生似乎更愿意阅读，下的功夫更多，也更理解文本。”（格思里，转引自甘布里尔，2011， 175）。

在“每天阅读五项”里，学生能够决定自己读什么、写什么、坐在哪里和参与什么活动。就像之前我们所说的“信任”一样，学生真正学会自由选择，也必须经过努力才会发生，教师指导和学生练习都是必需的步骤。

介绍“每天阅读五项”里的“选择权”也许是一件让人望而生畏的事情。每年，在准备向学生介绍“每天阅读五项”里的选择权时（有关详情见第五章“介绍选择权”一节），我们就觉得自己有点像连游泳都不会就跳进了游泳池的深水区。我俩会互相打电话，想弄明白为什么我们的学生还没有做好准备去选择。然而，我们正在放弃的到底是什么？控制权？井然有序的读写时间？既然我们已经教过他们如何独立完成“每天阅读五项”

里的每一项，也问过“这里是你和其他人可以独立做事情的地方吗”这一问题，然后由他们选择教室里的任何地方坐下，我们便哈哈大笑，互相说道：“我们没有理由紧张。毕竟我们已经教过他们如何独立完成‘每天阅读五项’里的每一项；他们选择五项任务的前后完成次序无关紧要。”这样做的结果便是，学生们异口同声地向我们表达他们的激动，每年都不例外；还时常在我们允许他们进行选择的第一天，就向我们展示出他们的超强耐力。我们根本就不必担忧。

最近，我们在自己举办的一次学术会议上认识了一位教师。她在学年中期接管了一个非常难教的五年级班。在教这个班的第一天，她就向学生介绍了“每天阅读五项”这一项目。一整天，她都在疲于处理学生们的态度和行为问题。她迅速地把“读给自己听”和“写作训练场”这两项任务运行起来，这样她才可以让学生从“每天阅读五项”的计划里行使选择权。就在她向学生介绍如何选择并让学生从“读给自己听”和“写作训练场”中来练习选择的那天，下课以后，所有学生都冲到休息处，兴奋地讨论老师允许他们控制自己的计划一事。走在其他学生后面的是最让大家头疼的学生，他走到新来的这位老师跟前，用非常坚定的语气说，她是他碰到的“最酷的老师”，因为他不喜欢别人命令他干这干那。

当我们对事情有发言权的时候，我们会更积极地去完成任务；这一点不仅对我们服务的对象——学生来说，对我们所有人来说，听起来都是正确的。

回顾我们读写课的发展情况（参见表 2.1），很容易看到，在我们职业生涯初始阶段，我们过于强调控制学生了。他们读什么我们要管，他们坐哪里我们也要管，他们做什么活动我们还是要管。刚做老师时，我们对学生基本上没有什么信任也谈不上尊重，在学习上，我们给他们的选择空间很少。而现在的读写课，由于“每天阅读五项”，我们变得越来越信任和尊重自己的学生，他们也获得了自我选择的能力。

表 2.1 我们读写课的发展状况

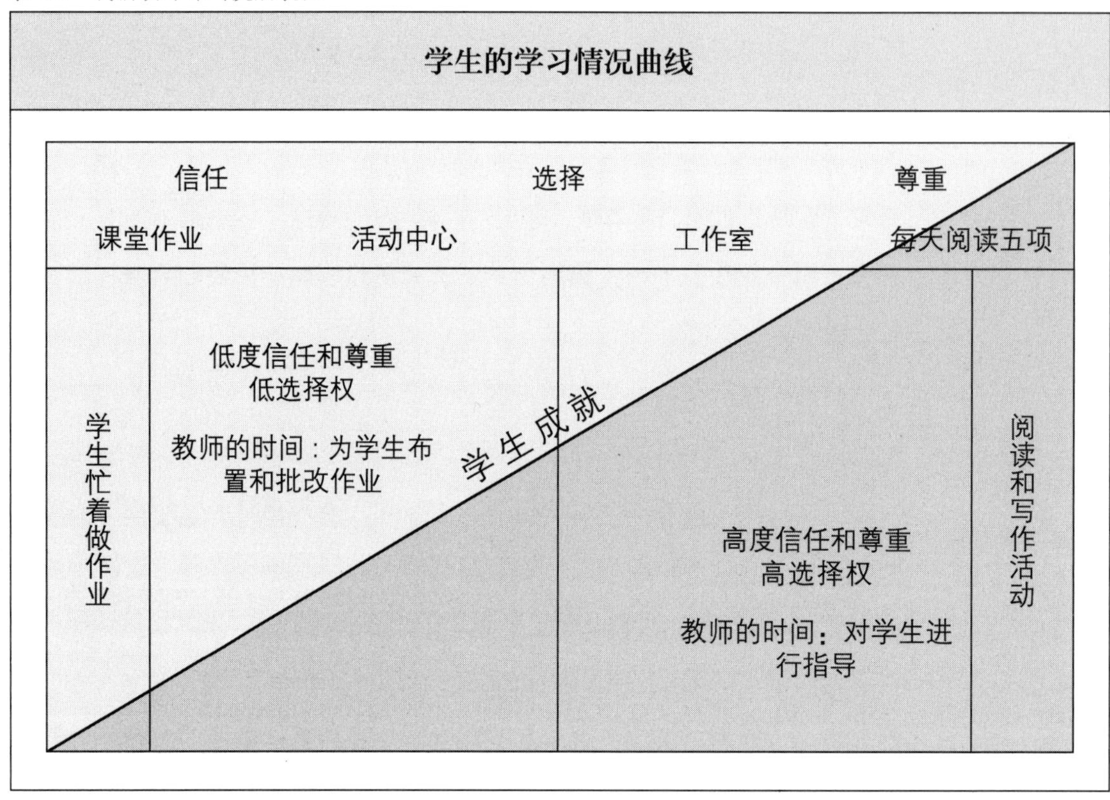

毫无疑问，选择是我们的基本信念，是“每天阅读五项”获得成功的真正基础。

责任感

以前，我们习惯认为，责任感就是我们让学生对他们自己负责。想象一下这样的情景：在一个静静的房间里，学生们坐在课桌前，忙着做同样的习题册和其他作业。我们手持剪贴板或成绩册，走到一个个学生跟前，跟踪记录他们的作业完成情况。因为许多学生都无法做完习题，我们需要走到他们当中，重新做个别引导，一个接一个学生的过，和他们一起完成作业。也有很多学生无法在课桌前好好坐着，这就要我们不得不去管束一下他们的行为。这样一幅画面当然不怎么美妙。在我们看来，学生们没有取得应该取得的进步，所以我们就开始研究，一个有趣、有料、有味的读写课到底要由哪些元素构成。通过研究，我们发现，这样的读写课应由五项任务组成；后来，我们将之发展成“每天阅读五项”这一项目。我们也认识到，责任感是针对师生双方而言的。我们需要对学生负责，就“每天阅读五项”来说，就是要跟他们讲清楚，完成这些读写任务需要怎么发动他们的视觉、触觉和听觉。在我们研究读写课构成元素的过程当中，我们对责任的理解也发生了变化。

现在我们教给学生的是，他们要负责在教室里选择一处让自己感觉舒服的场所，可以让自己在长时间里投入到有意义的阅读和写作活动中去。在我们利用“教授与学习独立的十个步骤”启动“每天阅读五项”这一项目时，在我们“让学生在教室里找到自己的位置”（第六步）之际，我们把所有可用来学习的场所介绍给他们。经过一段时间，学生们便表现出：他们通过选择自己可以独立学习和保持耐性的位置，负责为自己找到了学习场所。在各个学习时段，教室里并不是鸦雀无声的。我们教过他们要对自己制造的噪音水平负责，结果便是参与积极而富有成效的交谈。学生们的责任心表现在控制自己的说话音量，不影响教室里其他人的独立学习。一年之中总有那么些日子，座位的摆放和嗓音的高低达不到标准。此刻，我们也许需要重新聚到一起，讨论一下存在的问题或者重新讲解或复习一下各种“独立能力图”里的内容。如果不能对自己的行为负责的只是个别人，那么我们也许只需要单独跟他 / 她谈一下。

学生们不再需要在我们的管理下才能做完无关的习题册和其他作业。与此相反，我们已经教学生去选择有意义的阅读材料和写作话题，这么做的结果自然是他们的积极性、参与度和取得的成就都很高。（甘布里尔，2011）培养学生独立地做有意义的事情是我们培养其责任感的最终目的。

脑科学

在你们看“每天阅读五项”项目的最新线形图（如表 1.4、1.5 和 1.6 所示）时，你也许会注意到，“每天阅读五项”这一项目的每两轮运行之间的那堂面向全体学生的焦点课非常简短。这些课节为时如此之短，并非偶然；此设计反映出学习时间与学习者的大脑保持协调的重要性。

几年前，我们有机会在一次会议上见到了肯·韦森。从他那里，我们第一次听到了如下看法：教师在单向教授知识时，学生年龄直接决定了课时长度，以保证他们能处理和记忆所学内容。是韦森开创性地教给我们这条改变了我们授课结果的经验法则：在单向教学活动里，不管是大集体班、小组班还是一对一的教学，学生的平均年龄与他们保持注意力的时间长度呈正向关系；这一点与 PET（正电子发射层析）扫描得出的结果相一致。

我们对韦森这个说法的直接反应是：他连我们的教学活动都没观摩过，怎么就做出了这种判断？为了尽可能地让学生兴奋起来，参与进来，我们从基础教学就开始使出九牛二虎之力，虽然有时我们得借助自己骨子里那种“演员”的禀赋才能做到这一点。

我们清楚地记得，韦森提出的对课时长度的指导原则让我们很是不快，因为在那段职业期，我们仍然在利用一种基础教学方法来开展阅读教学。这种基础教学方法开始部分就是面向全体学生的集体授课，持续时间一般为 30–35 分钟。上课形式你们也许很熟悉：先是热身，包括复习一下前一天学过的内容；然后，当然是讲解背景知识、导入词汇。等我们讲到这堂课的主要部分时，20–25 分钟已经过去了。

然而，我们那时候确实开始思考是不是有些现象符合韦森的研究结论。当时，我们已注意到，四年级的一些学生没有像我们所希望的那样，可以理解和运用我们在课上讲过的一些概念。韦森的研究使我们对很多东西开始了思考；非常坦率地讲，我们离开那次学术会议时脑子里已经有了一个目标：我们要看一看韦森的经验法则是否与我们的教学工作相关。

那次会议之后，我们回到教室就立即安装了一台摄影机，把每天面向全体学生讲授的读写课拍摄下来。在一天的末了，我们重播上课实况，观看自己的授课情况。起初，我们只注意到了这堂课的讲授情况：我们抓住重点了吗？授课节奏怎么样？这堂课够生动吗？很快我们便认识到：我们只沉湎于对自己的授课情况进行反思——这并不是一件坏事，但是我们把最重要的事情——向韦森证明他的经验法则不适用于我们——完全置于脑后。从韦森的研究来看，这个年龄段的学生接受直接授课的合适时长是 10 分钟。但我们非常肯定的是，我们的课堂上，学生保持注意力的时间远远超过 10 分钟。

我们把声音关掉，把注意力更加集中在学生以及他们的行为上。毋庸赘述，我们从来没能送一盘录像带给韦森向他证明其研究是错误的。不仅如此，我们还在学生身上注意到一些以前从未发现的东西！我们留意了一下视频上的播放进度。我们觉察到，在课上到七八分钟的时候，教室里出现了我们见过的最吓人（或者“歇斯底里”，这有赖于你们怎么看待这种情况）的“等待下课模式”。卡里玛全神贯注地看着鞋底上的花纹；伊齐基尔在用手指给堆在一起的地毯分家，似乎在数每平方英寸上有多少个圈圈；还有让我们大吃一惊的是：杰克完全转过身去了——是的，他背对着我们。然后，格雷姆站了起来，走开了！学生们吸收、记忆所学内容的能力已经达到极限，我们怎么就没发现这些明显的迹象？我们怎么就没注意到他们的大脑已经停下来了？

关于“脑研究”和“与大脑协调式学习”的专著已经出版好几本了。约翰·梅迪纳在其专著《大脑规则》（*Brain Rules*）里讨论了这样一个事实：大脑有一个倔强的 10 分钟计时模式。（2009）教师直接授课时，上到 10 分钟的时候，必须让学生稍微转移一下注意力，这样他们的大脑才能重新运转起来。我们对这类研究所隐含的意义不能简单地一带而过；如果我们忽略了，那么我们就必须知道，授课超过 10 分钟以后，因为大脑记住信息的能力大大降低，所导致的后果便是，我们浪费生命，学生浪费时间。

在华盛顿阅读发展组织的会议上，雷吉·劳特曼在展示自己的研究成果时谈到了一个“80/20”的概念。过去在课堂上，教师把一堂课时间的80%用于对学生直接授课，约20%的时间让学生练习刚学过的概念。劳特曼反对这种做法。他提出，如果我们想让自己的教学更有效，必须把这一比例调整为“20/80”：在个体评估的前提下，教师对学生直接授课的时间应该占到20%，用来满足学生的直接需求；80%的时间应交给学生，让他们利用自己选择的阅读书目和写作活动来练习教师在直接授课时所教的技能和概念。我们再也用不起“洒一洒，拜一拜”的教学法了。你们也许对这一教学法都很熟悉：还不了解学生个人需求，就写出来一个教学方案，然后从中形成一个一般性的教学策略，“洒向”所有学生，然后我们便祈祷我们的教学会起作用！

学生在拓展时间里对学过的东西进行练习是关键。我们的兄嫂有四个女儿，都是某所高级中学的运动员。在我们写这本书的时候，她们的校队第五次连续获得华盛顿州篮球赛冠军，创下了新的州记录。这些女孩子的经历启发了我们对“‘20/80’VS‘80/20’”的理解。她们的身材并不是特别高；坦率地讲，她们队里有些女孩子甚至都不像运动员。然而，在每场比赛中，她们都以30或40分，甚至是50分的优势击败对手。在某场比赛结束后，我们有机会跟她们的教练聊了聊。我们问他，她们为何能不可思议地连续获得成功。他看了看我们，答道：“你们两位都是教师。你们应该知道的呀！”我们满脸通红，羞怯地请他启发启发我们。你们知道他的回答吗？他说：“我们比任何对手都练习得多。跟对手相比，我们在球场上待的时间长，我们练习的时间长，我们练习投篮的次数多。我们的健身训练是在整个球场内跑动，而不是在跑道上一圈圈地跑，不是设好了起点和终点去跑，也不是全速短跑。她们进行健身训练的时候，我是跟她们待在一起的；她们一需要指导，我就及时出现。”

这些女孩子五年来为何能独霸篮球场，他这么一解释，真是提醒了我们练习所具有的力量。归根结底，如果我们想把钢琴弹得更好，听钢琴老师，讲45分钟怎么弹，然后自己再练习15分钟肯定是不行的。同样，我们给学生的练习时间越多，并且在他们有需要时，就给予专业的、集中的、及时的指导，他们就会在读写方面做得更好。

这就是我们要采纳肯·韦森、约翰·梅迪纳、雷吉·劳特曼和其他专家的研究成果，并在我们自己的教室里付诸实践的原因。现在，焦点课的具体情形是：聚焦于学生之所需（绝不是“洒一洒，拜一拜”法）。学生们把这80%的时间投入到练习中；我们——他们的教练为他们提供及时的指导。“学生的阅读成绩与阅读能力的关系也许要弱于其与阅读机会的关系”（塞缪尔斯、法斯特鲁普，2011，155）。我们赞同这两位专家的见解。

表2.2

学生的阅读量及其对阅读成绩的影响

来自中产阶级家庭，五年级学生			每天增加10分钟……		
百分位	分钟/日	词数/每年	分钟/日	词数/每年	百分比增加额（接触词汇数量）
98	65.0	4,358,000	75.0	5,028,462	15%
90	21.1	1,823,000	31.1	2,686,981	47%
80	14.2	1,146,000	24.2	1,953,042	70%
70	9.6	622,000	19.6	1,269,917	104%
60	6.5	432,000	16.5	1,096,615	154%
50	4.6	282,000	14.6	895,043	217%
40	3.2	200,000	13.2	825,000	313%
30	1.8	106,000	11.8	694,889	556%
20	0.7	21,000	10.7	321,000	1,429%
10	0.1	8,000	10.1		
2	0.0	0	10.0		

注：采自安德森、威尔逊、菲尔丁（1988）

安德森、威尔逊、菲尔丁（1988）在一项研究中观察了一群来自中产阶级家庭、正读五年级的学生每天用于阅读的时间量。你们看一下表 2.2 便会发现，拿到最高分数的学生阅读量最大，接触的词汇也最多。同样，班里表现最差的学生不仅读得最少，而且接触到的词汇量也最小。基于此项研究，2008 年科学学习公司开展了一项研究，学生的平均读书时间如果每天增加 10 分钟后会出现什么效果。

正如你们所见到的，将位于最高分数段学生的阅读时间每天增加仅仅 10 分钟，他接触的词汇量每年就会增加 100 多万。这当然很棒，但你们再注意下那些 20 几分学生的表现。他们的阅读时间每天增加仅仅 10 分钟，他们每年接触的词汇量就会增加 1429%。

安德森、威尔逊、菲尔丁（1988）发现，在学生使用时间的所有方式中，读书是考察阅读成绩的最佳预测器。

的的确确，不让学生的阅读时间每天都增加一些，我们就看不到想要的成果。同时，鼓励我们将焦点课简短化的脑研究也使我们能够相应地将学生的阅读时间加长。

大脑与身体需要休息之际的转换活动

我们开始在自己的教室里运用工作坊模式的时候，很快便认识到，这种上课形式与脑研究的成果有契合之处。我们上了一堂较短的焦点课，随后让学生在拓展学习时段里学习。工作坊模式使学生得到了急需的时间，他们可以完成读写以及最后的分享。然而，我们在日常每天的学习时段里，所有力气都用在占据学生的时间上。练习的拓展时间是必要的，但就是让人感觉特别漫长。

在我们实验工作坊模式之初，我们注意到，当学生们学习了一阵子之后，身体就需要休息一下，他们会站起身来，或是去喝点什么，或是上趟洗手间，更或者去骚扰一下别人。我们与此作毫不妥协的斗争，甚至发展到我们给学生找“事情”做的地步。这些事情不外乎，让他们多做几道练习题，搞点活动，读点什么，做点美术手工活儿，等等。最终目的，还是要使他们在学习时段里能忙个不停。但是我们也认识到，当身体和大脑得到了所需的休息后，学生便能安静下来继续阅读。

正是基于这一点认识，我们便决定把长长的学习时间分成几个时段，中间夹以身体运动和即时指导。结果，一天之内，“五项任务”这一项目便含有两到五个“工作坊”。每一个工作坊，我们称之为“每天阅读五项”的“一轮”，其运行时长正好能让学生保持耐性，完成独立学习。在学习时段，我们一旦看到学生在失去耐性，便让他们停下来，把手头的材料收拾好，然后在班级集合处聚首。收拾好手头的东西并走回来集合动作虽然简单，却使学生的身心得到了必需的休息。大家一集合好，我们就以一首诗或者一首歌的形式让大家多活动一下身体；如果必要，我们还会来上一段吟诵。在练习时段休息一下，使我们有机会给学生上一堂简短的、满足大多数学生需求的焦点课。

起初，我们不知道所有这些活动转换程序是否会扰乱学生的学习秩序，也不知道做这些活动时，学生是否会变得难以掌控。实际上，我们发现事实与我们所担忧的相反。这些转换活动可以让学生在更长的读写时间里注意力更集中。练习这些转换活动也会使一整天的转换活动变得更简单。

“每天阅读五项”里的转换活动为我们提供了很多机会：

- 学生的身体从学习之余得到了休息
- 在继续学习之前，学生的大脑和身体得到了必需的运动
- 大脑得到了休息，可以使学生重新集中注意力
- 再上一堂简短的焦点课的天然良机

知道“每天阅读五项”的核心就是这些转换活动时，你们当中有很多人也许会吓一跳。你现在的或者过去的带班经验，也许会使你们的脑海里

浮现出学生做转换活动时的嘈杂、野蛮行为，也许会使你们认为这样做把宝贵的学习时间给浪费掉了。在我们自己的职业生涯里，也有过类似体验；因此，我们明白，如同我们在教室里做的其他任何事情，做转换活动的方式必须由教师教给学生。

我们遵循本专著第三章里描述的“教授与学习独立的十个步骤”，教给学生如何做转换活动以及如何培养耐性。这十个步骤是把“每天阅读五项”与传统的工作室模式区别开来的东西之一。

本章描述的这些核心信念和第三章描述的“教授与学习独立的十个步骤”是我们教学工作的基础工程。

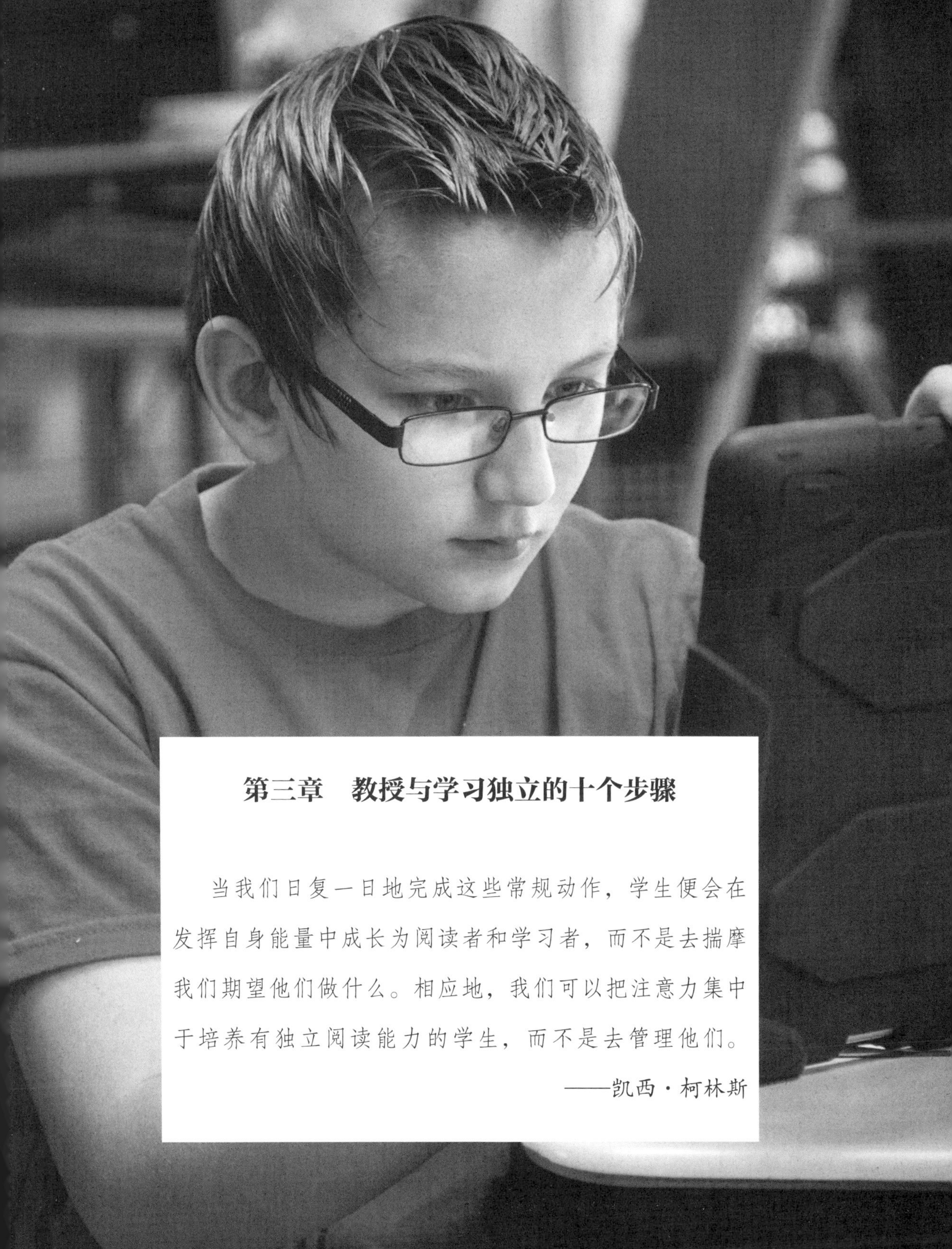

第三章　教授与学习独立的十个步骤

当我们日复一日地完成这些常规动作，学生便会在发挥自身能量中成长为阅读者和学习者，而不是去揣摩我们期望他们做什么。相应地，我们可以把注意力集中于培养有独立阅读能力的学生，而不是去管理他们。

——凯西·柯林斯

我们的核心信念为学生的成绩创造了坚实的基础。“教授与学习独立的十个步骤”是我们的核心信念和成功实施“每天阅读五项”这一项目的另一关键元素。

在职业生涯初期，当我们把一种行为教给学生的时候，无论是如何在走廊里走动，还是如何独立地做“读给别人听”这一任务，我们都认为，一旦有人向学生展示如何做某件事情，他们就会成功地将其做出。如果给学生一些练习时间，我们经常把最初的几次练习拖得太久，或者总体上的练习次数不够频繁，最后还是有人不会。幸亏有了迈克尔·格林德勒的影响，我们才认识到为什么我们很多学生无法成功展示出我们教给他们的行为。格林德勒解释说，大脑通过三种记忆系统接收输入：视觉系统、听觉系统和动觉系统。（1955）当信息被储存在一个以上系统时，记忆会得到改善。储存在动觉系统里的记忆引发的记忆持续时间最长。为了激活这一系统，教师可以向学生提供动觉学习体验，因而学生可以听到和感觉到教师期待他们做出的行为。过一段时间，这种运动便被储存在肌肉记忆里，成为学生默认行为的一部分。

以格林德勒的研究和我们在特殊教育领域里的背景以及所接收的训练为基础，我们把自己要求学生做出的独立行为在本质上当作“任务”来分析。经过这种任务分析，我们提出了改善肌肉记忆、培养独立能力和增强耐性的十个步骤。“教授与学习独立的十个步骤”是把“每天阅读五项”这一项目和传统的工作坊模式以及其他管理系统区别开来的独特的、根本的元素。

第 1 步 明确要讲授什么

第 2 步 定目标、制造迫切感

第 3 步 可取行为记录在“独立能力图”上

第 4 步 示范最可取行为

第 5 步 示范最不可取行为，然后示范最可取行为

第 6 步 让学生在教室里找到位置

第 7 步 练习与培养耐性

第 8 步 置身事外，不做干扰

第 9 步 轻声示意召回学生到集合处

第 10 步 检查学生的任务完成情况

第 1 步 明确要讲授什么

清楚地说出要讲授的是什么似乎很简单，但却是培养独立学习者的重要一步。孩子和成年人一样，当他们清楚自己要学的到底是什么的时候，会更好地参与相关活动并集中注意力。

开启“每天阅读五项”里的每一单项，告知全体学生他们要学什么时，我们遵循的模式很简单。这一模式包括创建一份“独立能力图”（其形状就像一张“T”形图）。这份图可以创建在图架或画架上的一张纸头上，也可以创建在互动白板上。只要这份图不被擦掉，把它创建在什么媒介上都行。这份图将成为固定我们学习活动的锚；在这一年当中，我们都会查阅、补充和修订它。

在“独立能力图”顶部，我们只要写上要介绍给学生的“每天阅读五项”里的某项选择，便可以确定要教给他们的是什么（例子：读给自己听）。然后，我们按照以下两步所做的描述向这份图添加更多文本。

第 2 步 定目标、制造迫切感

我们当中的大部分人需要深刻明白自己为什么要做某件事。我们经常发现，不论别人听不听得到，我们都会问：“做这件事对我有什么益处？”因此，在教室里，我们总是清楚地说明为什么要做某件事，并将其张贴于某处。定目标和制造迫切感可以创建一种文化；在这种文化里，每一刻的学习和

练习都非常重要。

为了用“独立能力图”制造迫切感，我们在介绍“每天阅读五项”里的每项任务时都采用相同的模式。在图顶部，在标题的左右两侧，我们记录下做“读给自己听”这一任务的理由：这是能使你更好地阅读的最佳方法，并且这一任务很有趣。

我们永远不会忘记两位教学管理人员来我们课堂参观时的情形，他们亲身体验到了学生在忙着参与“每天阅读五项”的运行时所感受到的迫切感。当时，我们正坐在地板上对一小组学生进行指导。其他学生散坐在教室各处，独立地忙着各自从“每天阅读五项”里所做的选择。教室里有一种令人愉快的嗡嗡声；这是学生们在感觉舒服、快乐并积极投入到手头在做的事情时发出的。两位教学管理人员皆是男士，他们在讨论观察到的情况时，其低沉的嗓音大过了学生们的嗡嗡声。平素十分安静、很少说话的珍娜，她还是走到他们跟前，拉了拉其中一位的裤腿，毫不含糊地说：“先生，你们出去说行吗？你们太吵了。我正忙着做“读给自己听”这一任务，我得要反复练习才能读得更好。”

那位先生一脸茫然，朝珍娜看了一眼，把双手举在面前，似乎想说“我投降！”，然后静静地退出教室。珍娜回到她之前坐过的那张长沙发的一角，继续读起来。

珍娜感觉到了我们想灌输给每一名学生的迫切感——他们认为阅读非常重要，不会也不想让任何东西妨碍他们。

第 3 步　可取行为记在“独立能力图”上

我们先要在所有学生面前，在“独立能力图”上写下各种可取行为，然后简短介绍下它们。在介绍“读给自己听”这一任务时，下列五种行为是我们解释过的可取行为：

- 在整段时间里都在读

- ■ 待在一个地方不动
- ■ 立即开始
- ■ 安静地做任务
- ■ 培养耐性

我们想提醒你们注意，我们是如何写下这些可取行为的。我们写下这些行为时的出发点是我们希望学生们能做到这些事情。我们往往容易落入“让学生不要做什么”的模式：不要四处走动；不要跟别人说话。迈克尔·格林德勒从自己与那些“高危学生”的相处中发现，一句话、一个要求许多孩子都是只听一半就去做动作：四处走动，跟别人说说话。我们把可取行为准确而巧妙地写下来之后，学生们便可以准确知道可取行为是什么，进而为他们取得成功做好了准备。

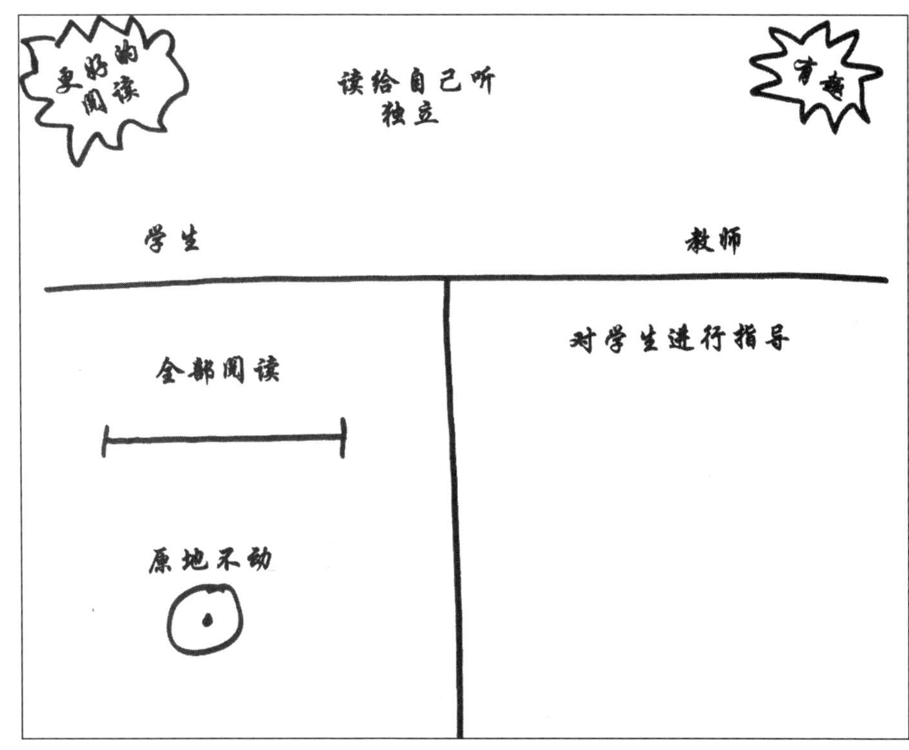

表 3.1
向年龄小的学生介绍可取行为时，在第一天，我们只列出并解释了头两种行为

对于那些年龄小、没耐性的学生，我们不会在第一天，就把所有可取行为都列到独立能力图里。我们只在上面列两种可取行为。例如，在启动“读给自己听”这一任务的第一天，我们在“独立能力图”里写了“全部阅读”和“原地不动”。（参见表 3.1）之后每到一个新的练习时段，我们再把其他可取行为加上去。

老学生，或者此前参与过“每天阅读五项”这一项目的学生，他们在第一天里，可以根据过去的经验做出各种可取行为，或者有足够的耐性，坐在那里等着我们把所有可取行为都填上。如同所有与“每天阅读五项”有关的东西一样，我们让我们面前的学生凭其经验、耐性、需求和行为引导我们的教学工作。

第 4 步　示范最可取行为

做示范是要把“独立能力图”上那些用文字表述的行为活生生地演出来，让这些行为在很多学生面前鲜活起来。

图 3.2
一名学生在展示参与“读给自己听”这一任务时的一种符合期望的行为

迈克尔·格林德勒又指出，全体学生观看示范者示范正确行为这种视觉输入，以及示范者的动觉输入是培养学生肌肉记忆这一过程的开始。

做示范是每位教师都熟悉的一个概念，但是也许在很多时候，这个概念没有得到应有的重视，大家没在上面花时间。不管教授何种技能，我们总是让学生示范如何才是正确运用这种技能。

我们一次选一名或几名学生来正确示范“独立能力图”上列出的行为。（参见图 3.2）我们站在“独立能力图”边上，这样就把全体学生的注意力转向正在示范的学生身上；然后，我们一一指着“独立能力图”上“学生”一栏下面列出的每一种行为，来让示范者示范。我们问全体学生，他们是否注意到示范者正在示范可取行为。随后，我们用祈使语气问全体学生一个与正在被示范的各种行为相关的问题：“孩子们，如果某某同学还继续这么做的话，他/她能更好地阅读（或写作）吗？”当然了，这个问题的答案是“能”。

第 5 步　示范最不可取行为，然后示范最可取行为

图 3.3
一名学生在兴奋地示范参与“读给自己听”这一任务时的一种显然不可取的行为

第 5 步是把我们的期待告诉孩子的有效方式。和第 4 步一样，这一步可以让学生能够看到、摸到我们的期望，而不仅仅是听一听而已。虽然我们感觉这样做也许有悖于培养学生的独立能力，但是我们还是请班级里的一名学生走到全体学生面前，以不正确的方式示范“独立能力图”上记录的各种行为。换言之，就是示范那些不可取行为。（参见图 3.3）有时，我们会请一名做任务时频频出现开小差行为的学生在全班学生面前示范那些不

图 3.4
同一名学生在示范了各种不可取行为之后接着各种示范可取行为

可取行为。做任务时开小差的孩子有时是想用这种方法赢得关注，示范最不可取行为既可以满足他们这种小愿望，也使我们有机会改变他/她的行为。

在某学生示范不可取行为（即未列在“独立能力图”上的行为）时，我们再一次把全班学生的注意力引向这份“独立能力图”。我们指着上面记录的每一项，然后问全体学生示范者是不是在展示可取行为。（当然不是！）接下来，我们迅速追问道：“孩子们，如果某某同学还继续这么做，他/她能更好地阅读（或写作）吗？”（问题的答案是响亮的“不能！”）

接下来要谈的东西将会奠定我们会如何重新界定学生们的肌肉记忆。在那名学生演示了那些最不可取的行为之后，我们会提醒学生们，这些行为永远不会帮助他们更好地阅读，然后，我们会请他/她转而示范“独立能力图”上所列的那些恰当行为。（参见图 3.4）这一步使学生们有机会让自己的肌肉开始学习如何做构成这些恰当行为的正确动作，使他们的肌肉记

图 3.5
教师把全班学生的注意力引向刚刚示范过的正确行为

忆呈现新常态。

这名学生一转入正确示范可取行为，我们就又参考了一下“独立能力图”，把正在被示范的所有正确行为一一指出来。（参见图 3.5）许多学生喜欢正面关注；他们也向自己和全班同学表明，他们的身体可以将各种可取行为表现出来。

我们以一句询问结束第 5 步：“同学们，如果某某同学继续做这些行为，他 / 她能更好地阅读（或写作）吗？”问题的答案当然是“能！”

从正确示范转入不正确示范，接着再从不正确示范转入正确示范，这种互动最初是由迈克尔・格林德勒教给我们的，一般情况下可用来指导各个年龄段的学生。幼儿园里刚刚开始人生中第一学年的小朋友是个例外。这些年幼的学习者需要一段时间来弄明白上学究竟是怎么回事；向他们展示不正确行为只会把他们弄蒙。

通过示范，将各种正确行为和不正确行为加以比较，不但是我们可以给学生提供机会让他们感受到什么是正确行为，而且学生们也对以恰当行为参与“每天阅读五项”有了信心。学生们通过这种三维的示范，就产生了直观感受，他们的认识就更清楚了：什么是老师希望你做的，什么又是你绝对不可以做的。后面这一点经常更为重要，因为它阐明并进一步明确了在教室里可接受行为的界限。当问题出现（也一定会出现）的时候，教师温和地提醒学生，他们是有能力做到可接受行为的，这对学生是一种肯定。

在与我们学校的一位自闭症专家一起工作之后，我们得知，从正确示范转入不正确示范，接着再从不正确示范转入正确示范，我们这种三维示范的方式，非常有效地帮助了我们将期待传达给患不同程度自闭症的学生。例如，如果有学生脑子里想“我不知道我不可以把书放在头顶上”，这种互动就能帮他去掉此念。

不论帮助哪个年龄段的学生学习如何培养独立能力，第 5 步都是不可或缺的。

第 6 步　让学生在教室里找到位置

一旦学生们通过第 5 步看到了正确行为和不正确行为的示范，我们就应该让他们在教室场景中进行练习，从而使得每个学生都能转化为自己的能力。来我们教室听课的人士经常问我们，学生们在无人告知的情况下是如何为自己找到学习场所的 —— 他们没有争抢某些地点，没有依照教师制作的图去共同分享那些也许是众人所望的地点，如长沙发、摇椅、地板上的大枕头、未分隔的区域等等。我们用第 6 步教给学生相互尊重、独立地在教室里选择自己的学习区域。

我们先让学生们在集合处的地板上坐好，然后清楚地向他们传达：“在接下来这几天的练习时间，你们要在不同的地点坐一坐。这有助于你们弄清楚在哪些场所，你和你身边的人可以独立学习。”

图 3.6
学生散坐在教室各处独立学习

接下来，我们站到书籍收纳篮归放处，或者班级图书角那里，把学生们五六人一组，分成不同小组。第一组学生每人拿起他 / 她的书籍收纳篮——

就是用来放适合自己阅读图书的容器。有了收纳篮，学生们便可以一直坐在教室某处，不用因为要站起来找更多书而消耗精力。然后，我们和学生轮个指着这次课程时间他应该就座的区域，并重申：“这次你就坐在这里吧。坐下以后想一想，这里是我和其他人可以成功阅读的地方吗？”图 3.6 展示的是学生散坐在教室各处独立学习。

经常有些学生，要么总是有“这样做不公平！”的想法，要么就是想坐在人人都当宝地的地方。这类学生需要我们稍微安抚一下：每人都有机会在教室里的各个学习区域就座，这样大家才会找到能使自己取得成功的最佳场所。

在把第一组的五六名学生安排到他们的学习场所之后，接着就要很快把其他组的学生叫到书籍收纳篮归放处，迅速给他们安排好地方。如果安排学生就位的时间太久可能就会导致混乱，因为还没等到把最后一组学生安排好，最先安排的学生早就失去了耐性。因此，我们把最没耐性的学生留在集合处最后安排。学生在学年开始时的耐性都很短，快速地对一组一组学生下指令而不是一对一地下指令，有助于加快学生安排过程。

第 7 步　练习与培养耐性

一旦学生都被安排到教室各处，我们就站到一边去，让他们自己练习可取行为、培养耐性。我们曾经建议过第一次练习应持续 3 分钟，这仅仅是想提醒我们自己，一开始就应该预料到所有的练习时间都将很短。实际上，在幼儿园里，第一次练习时间也许仅持续 30 秒；在四年级学生身上，第一次练习的时间可能持续达 5 分钟之久。我们明白，不管练习时间多长或者多短，如果学生的耐性耗尽，我们应该明白，他们已经尽其所能。

理查德是我们的同事，教七年级。他跟我们讲，过去每年秋天他都会做出的一个错误假设。他想当然地认为，他教的学生年龄大一些，所以在一学年的第一次练习时会持续 15 分钟左右。实际上，暑假过后返回学校时，我们所有的人 —— 学生和教师一样 —— 都在跟缩短了的耐性做斗争。理查德发现，在最初的几次练习中，他教的七年级学生仅仅有四五分钟的耐性。

每一年，每一间教室里的耐性培养状况看起来都与众不同。有些班级的耐性增长迅速，而有些班级培养的耐性每天只增加 10 到 30 秒钟。我们总是让学生的行为来决定其耐性培养的速度；并且，我们提醒自己，新班级培养耐性的情况不一定与上一个班级相同。

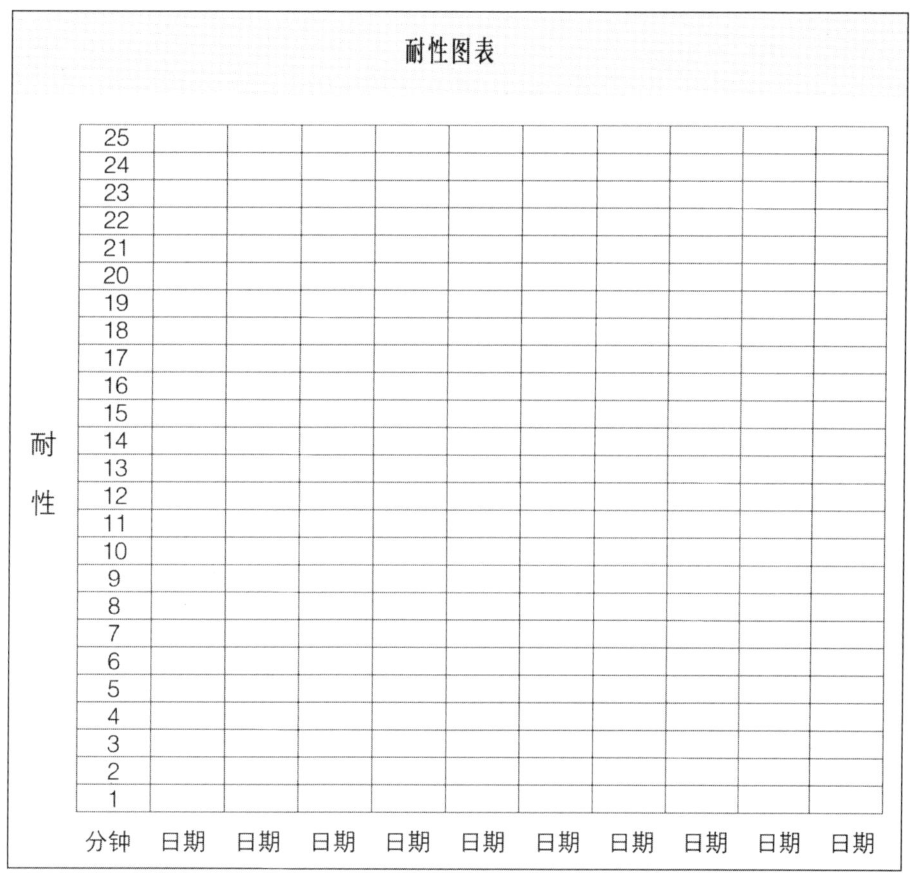

表 3.7
我们用这张耐性图向学生表明：随着练习的增多，他们的耐性也在增长

在学生们练习的时候，我们便跟踪记录他们展示出最可取行为时其耐性能持续多久。这样，我们便可以把整个班级在耐性培养方面取得进步的情况制成图（参见表 3.7 ——“耐性图”；此图亦出现于附录 A）。这是直观展示耐性增长情况的有效方式，能帮许多学生弄明白“耐性培养”这一概念。

此刻，请注意我们刚描述过的第7步和第8步亦即下一节的主题是同时发生的；这一点非常重要。

第8步　置身事外，不做干扰

学生们一开始练习起来，我们就待在一边不动，直到有人不再去做“独立能力图”上所列的可取行为；这就是我们所说的“耐性终止”或者“耐性消失”。我们虽然待在一边不动，但在暗中注意着学生们耐性耗尽的迹象是否已经出现。（如图3.8所示）

图3.8
在学生们忙着运行“每天阅读五项”时，洛丽待在一边不动，仔细跟踪记录学生们的耐性保持情况

多年以前，我们最初研发“每天阅读五项”这一项目的时候，在学生们练习可取行为时，我们没有待在一边不动。我们参与了那种我们认为所有好老师都跳过的“舞蹈”：穿梭于教室各处、在学生耳边小声说他们的阅读活动开展得很棒、表扬他们注意力集中、悄悄为他们做任务时的专注行为鼓掌。学生们培养耐性的速度也很快。然而，当我们第一次想对一名学生进行评估而让其他学生读给自己听的时候，班级行为散

架了。学生们站起来四处走动，上洗手间，喝点什么，与朋友闲聊，走到我们跟前问下一步他们该做什么。我们认识到，他们做任务时的专注状态都是做给我们看的。不经意间，我们让他们对我们的激励和鞭策产生了依赖。他们根本就不具备独立能力。很显然，我们没有射中“培养内在的独立学习者”这一目标。这是一个很难接受的教训，但它对我们的教学工作产生了巨大影响。

在“每天阅读五项”里的每项任务的开始阶段，当学生们在练习时，我们不再在他们当中走动。相反，我们静静地待在一个地方不动。我们的静默使学生们没有了外部刺激。我们保持不动，学生才得以集中精力练习可接受行为，全神贯注于手头的任务；这样，他们的注意力就不会被我们

图 3.9
在练习时间，“晴雨表学生”会先于他人失去耐性

分散，他们就不会依赖于我们不停地鼓励来帮助自己培养耐性。话虽如此，但即使是置身事外，我们对教室里发生的各种行为也都了如指掌。

请你们注意非常重要的一点，那就是只有在每项“任务”的开始阶段我们才待在一边的。一旦“每天阅读五项”进入全面运行状态，我们便利用学生们在独立学习的这段时间对单个学生或学生小组进行指导。

在任务开始阶段，我们虽然待在教室一角不去做任何指导，但会密切关注教室里发生的一切事情。就是在这段时间，我们会留心观察班级里的“晴雨表学生”，也就是能决定教室里的“天气状况”的学生。（参见图 3.9）“晴雨表学生”会先于他人失去耐性。

学生失去耐性可能会表现出以下行为：要去喝水，要跟人讲话，四下张望，然后走过来问东问西，报告这报告那。当我们在一边旁观的时候，我们要聆听、观察开小差的苗头。但是，在这个时段，我们要意识到有一点非常重要：此时，我们不要跟学生有任何直接的眼神接触，或者用上我们锐利的“教师之眼”。你们知道这种目光可以穿梭整个教室，让学生重新定下心来完成任务。你们在自己的教室里也会注意到，一些学生就是认为你们肯定在注意他们，然后从老师的注视里获取所需的外在激励。在开始阶段，我们避免跟学生有直接的眼神接触，和置身事外一样重要；只有这样，学生们才可以练习符合期望的行为并独立培养耐性。

教师密切注意“晴雨表学生”的时候，辨认一名学生是否真是用光耐性还是他 / 她仅仅是在“重新设定”自己，这个工作颇具挑战性。为了把这两者区别开来，当一名学生看起来似乎已无耐性时，不要急于让全班学生停下来。迪伦是个超级爱动的学生，在我们教室里学习了一年，他的“重新设定”很出名。他经常将书放下，站起身来，伸伸手脚，四下里看看，然后坐回去继续读书，从来不打扰别人。他只是需要通过“重新设定”让大脑休息一下。

在学生练习可取行为时，教师站在旁边不去干扰，这样做可以保证学生能独立培养练习可取行为时所需的耐性。

第 9 步　轻声示意召回学生到集合处

我们注意到，当一名学生失去耐性时，其余的学生就会效仿他/她。因此，一有学生用行为表明他已经失去耐性，我们就悄悄弄响安装在教室里的信号器，并且说："请把书籍收纳篮放在一边然后到集合处来。"即使这么做似乎并不奏效，但我们还是马上让学生停下来，因为我们知道他们已经用尽自己的耐性。如果我们让他们继续练习，无疑我们就要转而管理那些"晴雨表学生"了，就会将"让他们学着独立"这一目的化为泡影。另外，我们不想让学生以不正确的方式练习可取行为，因为不可取行为一旦根深蒂固就很难改变。

如何吸引学生的注意力，将会决定一间教室气氛的好坏。老师用大嗓门说话，不仅对于学生是一种干扰，也会导致整间教室的噪音升级，我们便采用尊重学生的轻声信号，并提早教给学生听到信号之后如何快速做出反应。在我们教室里，这种信号就是一组风铃声。其均衡的韵律别致到足以吸引到那些好动学生的注意力，但对于那些对声音非常敏感的学生来说又不会有违和感。轻声信号也可以有其他形式，比如轻声播放某段音乐的头几小节、从木琴甚或雨棒等乐器发出的轻柔的声音。（参见第四章"风铃 —— 安静的信号"一节）发信号的时候，我们不用话语和眼神来表露自己是否赞成。此时，学生在维持耐性方面已经尽其所能，我们不是要对这一事实进行评判，只是想用信号来表示我们要召集全班学生一下以便对练习情况进行讨论。

在听到信号以后，学生们赶往集合点的途中都把自己的书籍收纳篮收拾好了。在一学年之初或者在任务开始阶段，这么做是要花点时间的，但这帮助学生养成了事后随时清理的好习惯；并且，随着时间的推移，这种做法会使各种转换都能很顺利进行。

第 10 步 检查学生的任务完成情况

学生们一回到集合处，我们便参考“独立能力图”让他们反思“图”上所列的各种行为有哪些他们已经成功做出。

既然美国的学校采用的是基于标准的评分系统，我们就使用了最初在缅因州沃特维尔卡琳·比克福德的教室里见到的“1–4”登记法。

1. 低于标准

图 3.10
一名学生悄悄举起3个手指来表示她认为自己在练习“每天阅读五项”里的某种行为时“达到标准”

2. 接近标准
3. 达到标准
4. 超过标准

我们向学生发出的针对“读给自己听”的反思邀约大概如此：“同学们，在仔细考虑你们今天表现得如何时请把手放到自己面前。”我们指着“独立能力图”上的第一种可取行为，问：“‘原地不动’你做得怎么样？”学生们举起一定数目的手指，向我们明示他们认为自己取得了哪一级别的成功；他们举起的手指的数目与“1–4”登记法中的各个级别相对应。（图 3.10）

我们接着检查我们期待的各种行为的练习情况，一次只检查一种，让学生们有简短的时间来考虑和打分。“‘全部阅读’你做得怎么样？”我们问道。接着，“‘立即开始’你做得怎么样？”学生们基于自己对各种符合期望的行为所进行的反思，为下一次练习制定目标。有时，我们让他们跟身边的伙伴分享自己为下一轮运行制定的目标。有时，学生们与组内成员分享，把自己的目标写到小组议事录里，或者仅仅制定一个小组内部目标。例如，如果一名学生非常安静，但是并没有一直在读，她可能会把“全部阅读”定为自己的目标。如果一名学生能够更轻声地全时间朗读，他可能会把“静静地读”定为下一轮练习的重点。

你们也许已注意到，听觉型学生——爱大声说话的学生还有对外在激励敏感的学生，也许想通过言语跟你们汇报他们的练习情况：“我做到了，级别是 3！”我们提醒他们，此时他们应该考虑一下哪些行为他们做得不错、哪一领域还有待于改进，而不是大声说出来让大家都听到。我们向他们保证，当他们用手指向我们明示自己的达标情况时，我们明白他们在想什么。

我们这里年龄最小的学生，依然处在以自我为中心的发展阶段；他们也许对每一种行为都举起 4 个手指。很多时候，那些好抢风头的学生举起的手指数目并不反映他们练习的实际情况。在这两种情况下，我们忽略这些不准确的数字。如果好抢风头的学生在随后的练习报告中举起的手指数目依然不准确，我们就会把他 / 她悄悄拽一边与其讨论一下。就年龄最小的学生来说，不准确的自我计数也许会继续下去，直到他们从自我中心主义走出来。我们已经发现，如果这种学生没能为自己的某一行为抢到风头，那种行为往往会自行消失。

登记工作一做完，教师必须做出决定是否马上将“每天阅读五项”再运行一轮。如果我们所教学生的年龄很小，我们可能会决定“每天阅读五项”的练习暂告结束，日后再继续。年龄大一些的学生也许会有足够的耐性抓紧时间把这“十个步骤”再做一遍。如果必要的话，全班学生也许会往“独立能力图”里再添一种行为，并练习一次，以期增加自己的耐性。

一般情况下，在“每天阅读五项”启动后的前几天里，每天我们完成三到四次练习：一次在一天开始之际，随后一次在课间休息之前，接下来一次在午餐之后，最后一次在一天结束的时候。这前几天里的反复练习使耐性增加得更快，并使符合期望的行为固化到学生的肌肉记忆里。要记住的最重要的事情是要根据你面前的具体班级来调整你们的决策，并且要根据学生们的个人需求、耐性多少和注意力的集中程度来做决策。

做某项任务时所需的独立能力和耐性一旦都培养成功了，报告的目的就从自我反思转移到学生们清楚地说出他们选择下一项“每天阅读五项”活动时各自的目标和策略。耐性成功培养所需的时间因人而异，差别巨大，有赖于许多因素，包括前几年是否运行过“每天阅读五项”这一项目、练习了多久。我们发现，可能需要五到十天或者更久才能使“读给自己听”和“写作训练场”这两项任务运行良好。

每天检查一下“独立能力图”、反复示范各种行为、逐步延长练习时间，这些做法不仅有助于培养学生的耐性，而且还把可接受行为融入学生的肌肉记忆里，确保了这些行为会成为每一名学生运行“每天阅读五项”时的默认行为。

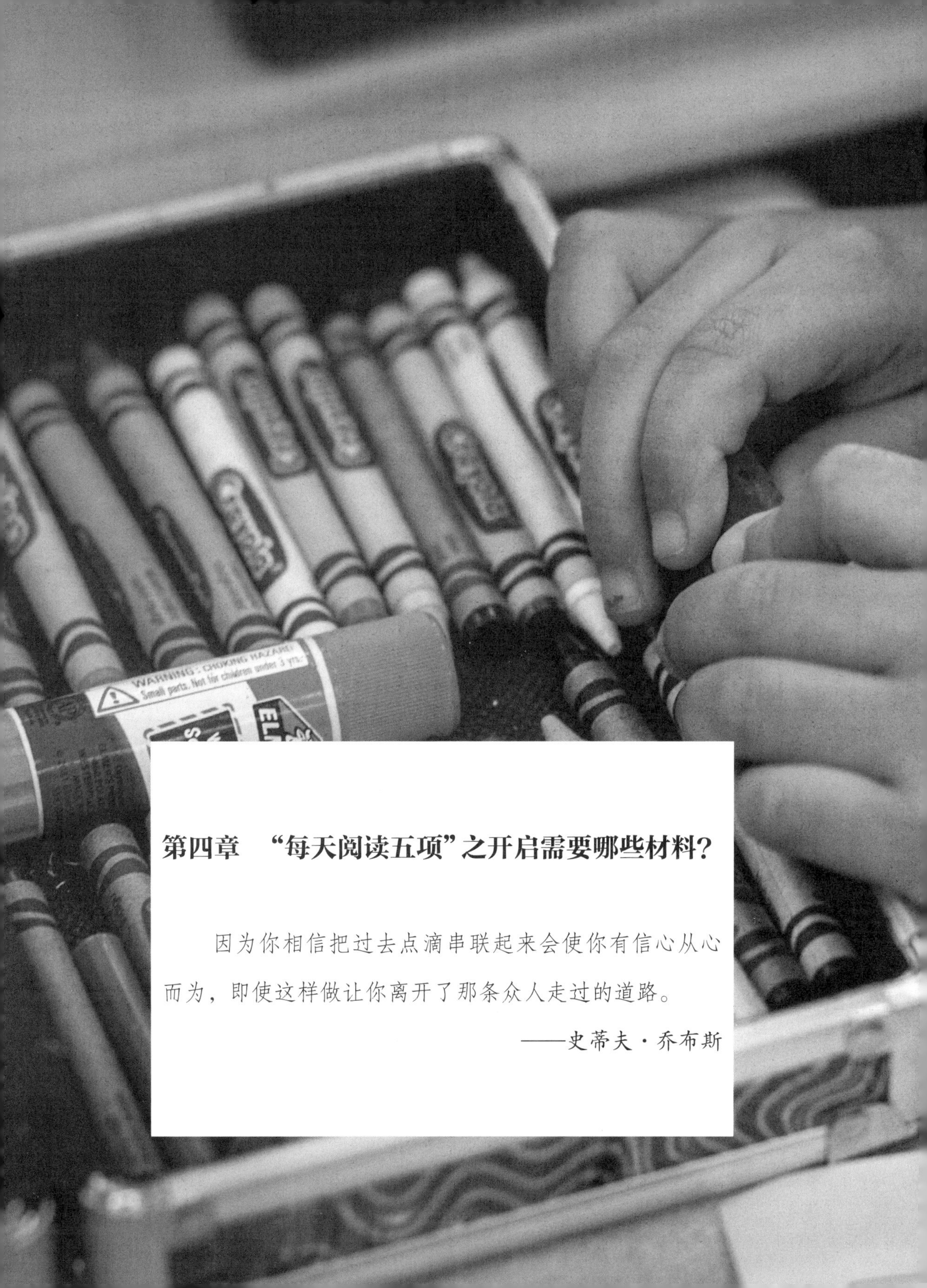

第四章　“每天阅读五项”之开启需要哪些材料?

因为你相信把过去点滴串联起来会使你有信心从心而为，即使这样做让你离开了那条众人走过的道路。

——史蒂夫·乔布斯

每年秋天，在新学年即将开始之际，我们都要在心里列好清单，并收集我们在教室里实施“每天阅读五项”所需的材料。“每天阅读五项”这一项目的准备工作出奇的简单。我们发现，不需要什么必需材料，就可以成功开始项目。

风铃 —— 安静的信号

在整个读写板块，“每天阅读五项”这一项目需要许多转换活动；这是项目取得成功的因素之一。在本质上，这些转换活动把读写板块细分成学生可操作的小块儿。其发生依据是学生们需要活动一下身体。本专著第三章讨论过的迈克尔·格林德勒的专著，使我们明白了我们需要把嗓门留出来指导学生用而不是管理这些转换活动。我们用小风铃而不是嗓子来表示“每天阅读五项”的一轮运行已结束，学生们应该回到集合处与我们重新会合。

开学第一天，我们就花时间教学生听到风铃声时该如何集合，并且让他们练习了在我们想引起其注意时，他们应做出的确切行为。

我们非常仔细地解释这个信号及其使用目的。“同学们，我们想让你们听一听这个声音（我们触动风铃）。在这一整年里，我们想引起你们注意的时候或者需要你们集合的时候，就使用这个声音。”

当你们触动风铃时，如果你们发现学生没有做出反应，你们也许需要对这道程序加以改进。我们使用的是迈克尔·格林德勒（1995）在其专著《用非言语手段管理课堂》中提出的名为“超过背景噪音，暂停，低语”的策略。假设“每天阅读五项”的一轮运行已经结束，我们想把学生召集起来。我们触动风铃，用超过或与教室里的背景噪音显著不同的声音打断他们的练习。然后，我们暂停下来，不动，不讲话，也不再触动风铃；我们暂停的时间长到甚至足以让动觉型学生也抬起头来，因为动觉型学生有时不去注意各种声音。最后，我们把嗓音降至风铃声以下，低至私语的程度，但足以让学生听得见。这种做法使他们密切注意我们在说什么，以便真正听清。

我们用很低的声音让他们到集合处跟我们会合。使用“超过背景噪音，暂停，低语”这一策略听起来像是我们向学生传达信息之方式上的一个微妙、

图 4.1
洛丽触动风铃向学生发出信号：学生此时要把材料收拾好并到集合处会合

或许是不起眼的变化，但每一次我们都对其产生的结果感到惊奇。

有时，我们在“引起学生注意”和“把学生召回到集合处”的方法上所做的这种改变对所有学生都起作用，但一两名除外。如果这种情况发生，我们就悄悄与这些学生聊一聊。我们经常发现，他们有非常明确的理由不与其他学生会合。我们努力聆听和理解他们所提出的理由；这些理由范围很广，

从“我正在做的事情还没有做完”到老掉牙的“我不想改变目前的状态”。我们要视学生的具体情况来想辙；这种学生也许只是需要我们提醒一下，在第二天运行“每天阅读五项”的时候，他们可以在以前停下来的地方把未竟之事重新拾起来。我们也发现，动觉型学生也许要花费比别人更长的时间才能回到集合处。他们需要更多地走动走动；有时，仅仅是站在全班同学后面认真听教师上焦点课就可以让他们的动觉需求得到满足。

图架和互动白板

把记录符合期望之行为的“独立能力图”创建成一个门类，是“每天阅读五项”这一项目的重要组件。（欲知更多信息，请参阅本章“独立能力图”

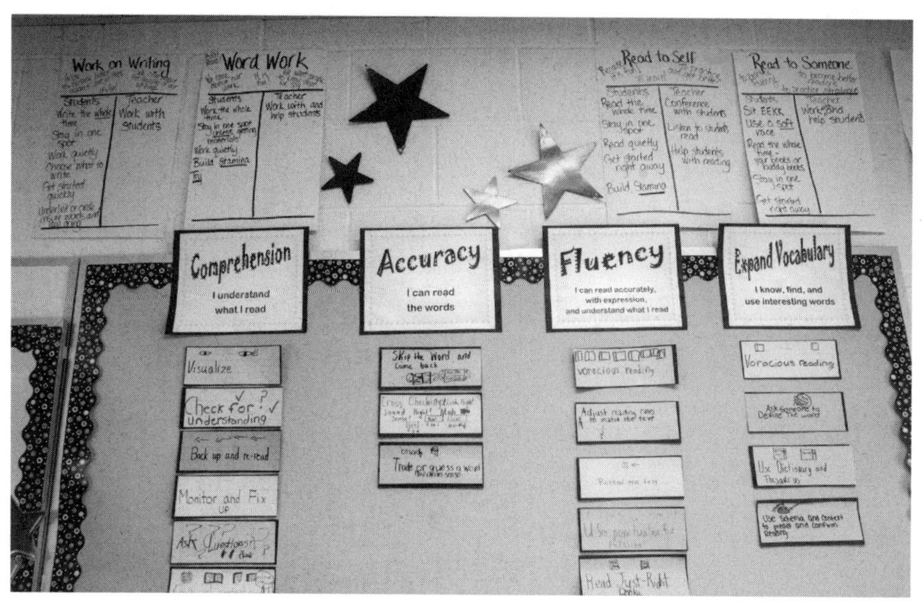

图 4.2
“每天阅读五项”的各种“独立能力图”长时间张贴在非常显眼的地方，即“理解、准确、流畅暨词汇扩展”菜单之布告栏的上方

一节。）请你们记住，作为参考资料，“独立能力图”将被保存一整学年；当学生的行为表明他们需要什么东西提醒一下时，或者有新学生到来时，我们需要重新学习“独立能力图”。（参见图 4.2）因此，我们发现，“独立能力图”必须创建在一个能长期存在的平面上，如附带纸张的图架，互

动白板，甚或是投影机下面的纸张。

是工具，而不是玩具

我们从未想当然地以为所有学生都能以同样的速度培养耐性。我们称为“晴雨表学生”的那些学生（参见第三章“置身事外，不做干扰”一节）需要一些工具（而不是玩具）作为额外支持。在一学年开始之前，以防万一，我们为学生收集了一些工具，放在他们手边备用。（参见图 4.3）这

图 4.3
一箱玩具可以为“晴雨表学生”耐性之增长提供支持

些工具包括 60 秒、90 秒和两分钟的沙漏；用塑料包装袋盛装的拼接器具，如花纹块和乐高玩具；大一点的学生使用的秒表；以及替代读物，如“我

侦察”系列图书或者吉尼斯世界大全，等等。

为了充分支持“晴雨表学生”，考虑教室里的各处学习空间也是我们的一部分准备工作。这种工作经常包括在教室某处用遮蔽胶带或粉笔在地板上围出一些大方块儿，或者使用几平方码布头或可移动地毯，造出几块“专用区域”。这些专用区域既帮助“晴雨表学生”找到了位置，又提醒他们要待在学习空间的边界之内。

书籍收纳篮

要想做到独立阅读，学生们手头需要有多种可自由翻阅的图书。在我们教室里，每一名学生都有一个放书的篮子。（图 4.4）书籍收纳篮也可以是

图 4.4
我们教室里的每名学生都把自己的书籍收纳篮装满了适合自己的图书

杂志存储箱、带拉链的塑料袋、塑料桶、外面贴有不干胶粘纸的谷物包装箱。每名学生都把三到十本适合自己的图书放在收纳篮里。刚开始学习阅读的学生一般往收纳篮里放八到十本书，而比较有阅读经验的学生也许会往里面放上一本小说、一两本绘本、一本杂志，甚或一份报纸。

在每学年伊始，我们通常都不知道学生们最喜欢哪些书、哪些作者，也不了解他们的阅读水平。然而，为了教给学生们“每天阅读五项”的独立行为，我们必须让他们接触到足够多的图书，这样在这个训练时段他们才能投入其中。因此，开学之前，我们花上几分钟，根据学生的年龄把他们的收纳篮装满各种图书。如果学生在开学之前就到学校，你也许会想到让他们自行把收纳篮装满。或者，你也可以在开学第一天，请他们一进教室就先把自己的收纳篮装满。在我们给学生们上了一堂关于适合自己的图书的课以后（参见第五章“我挑选适合自己的图书”一节），他们开始把自己挑选的图书装到收纳篮里。

吉姆·特里斯利（2001）指出，藏书量最多的教室的学生总是比仅有几本或没有图书的教室里的那些同龄人优秀。阿灵顿和坎宁安（2007）建议，小学各年级的教室里应该有700至750种图书，高年级的教室里应该有400种左右。我们的最终目标是每间教室的书库有1000本图书。为了达到这个目标，我们想尽了各种办法找来了各种图书，其中约一半是虚构类，另一半是非虚构类。我们已经成了公共图书馆和学校图书馆的常客。这两家图

图 4.5
这间教室藏书丰富，有效支持了学生的阅读

书馆允许我们一次借四十本绘本，并高兴地为我们打印一份借书清单，方便还书时用。每年伊始，我们都给学生家长写一封信，请他们在清理自家书架时要记着我们的阅读任务。（参见附录 H —— 我们写给学生父母的书信［样本］）我们也请学生家长在逛旧货店或者看到车库拍卖[1]时留意一下。我们把特别感兴趣的书名、作者或系列书告诉学生家长。我们经常请学生在过生日的时候以向教室书库捐赠一本图书，而不是以请客吃饭的方式，来纪念自己的生日。

在我们学校，我们的目标是使所有教室的藏书量达到阿灵顿和坎宁安所建议的数目。当学校里有可用资金时，我们都主要用来增加教室书库的藏书量。我们遵循的是“公平并不就是平等”这一原则。像我们这样干了多年并且已经使教室藏书颇丰的教师，在那些新入行，手头仅有几本图书的新手教师面前，会自觉礼让。我们把额外的钱和资源集中用在那些刚刚创建起来的教室书库，因为我们想让学校里的每一名学生，而不仅仅是精挑细选的几名，都接触丰富的图书资源。（参见图 4.5）

我们极为关注的除了我们书库的藏书数量，还有所藏图书的质量，所以我们会把那些破损严重的、已过时的、写得糟糕的或者很商业化的图书清理出去。这样做可以使我们教室书库的藏书既紧随时代又适合孩子需要。

集合处和焦点课

在为学习活动和独立能力培养创造一种文化的时候，有两个基本组件必须到位 —— 集合处和焦点课。

集合处须是足够大的开放空间，集合的时候全班学生都可以坐在那里的地板上。（参见图 4.6）这一空间还须包括用来上焦点课的图架和白板或者互动白板，全体学生一起创建的“独立能力图”，装在头部上方的投影仪或者实物投影机，“理解、准确、流畅暨词汇扩展”菜单的布告栏，和

1　车库拍卖，指美国人在私家车库出售家中旧货。——译注

图 4.6
学生坐在集合处的地板上听课

你们认为有用的其他教学材料。不管我们教的学生处于什么年龄层，我们上课的每间教室都设有集合处。

设集合处有三大收益：教师可以近距离地管理学生的行为，学生通过负责任地与同伴交谈来加强自己的深度思考，还消除了学生在书桌里玩东西的可能。学生们靠近了一起坐下的时候，教师给他们可以转身去跟同学交谈的机会，这样做提高了学生的参与度，让所有学生都有机会表达自己的思想。我们也可以更有效地旁听和参与学生们的会话，以提高学生们听课时的投入程度。当学生们一起坐在地板上，而不是各自的课桌边上，他们可以更专注地听教师讲课、更积极地参与小组讨论。

学生们一集合好，焦点课便立即开始，其时间长度与学生的年龄相匹配，最长为10分钟。这与肯·韦森和约翰·梅迪纳（2010）所做的脑研究保持一致。焦点课如此简短，以便在教师提供直接、集中的指导时，学生的大脑能认真听讲并处理相关信息。教师面向全体学生上焦点课时内容简洁、切中要害，可以使学生的大脑更好地记住教师讲授的概念。

如我们先前所讨论过的，当我们发现有迹象表明学生的耐性即将耗尽时，便发出信号把他们召回集合处，“每天阅读五项”的一轮运行便告结束。我们这一“举措”对学生来讲便是“双得”：提供时间让他们的脑力劳动有个转换、给予他们身体以急需的运动 —— 身心都能得到休息。待学生们坐回集合处的地板上以后，他们的学习活动和思维便从刚才还在参与的“每天阅读五项”里的选择转换到我们的焦点课上来。

此时，学生们开始期待在“每天阅读五项”的每两轮运行之间，他们不仅会有一点时间让身体得到急需的运动，而且会收到简明扼要、有意义有重点的指导。正是有了这种一以贯之的模式，才有了教师的教学活动和学生的练习活动之间“你方唱罢我登场”的良好局面；这一模式是“每天阅读五项”这一项目的典型特征。

独立能力图

我们在新西兰观察教室里的教学和学习活动时，被他们长期展示“班级学习情况图”的做法所吸引。如果某种东西很重要，他们就把它记在图里；因而学生的学习活动就被锚定在这些图上。教师和学生可以随时参照这种可视的学习情况表。如果将其放弃掉，就会割弃当下与以前的思考、学习之间的联系。自己的教室里使用这种图之后，我们就发现，学生们甚至能记住图创建时

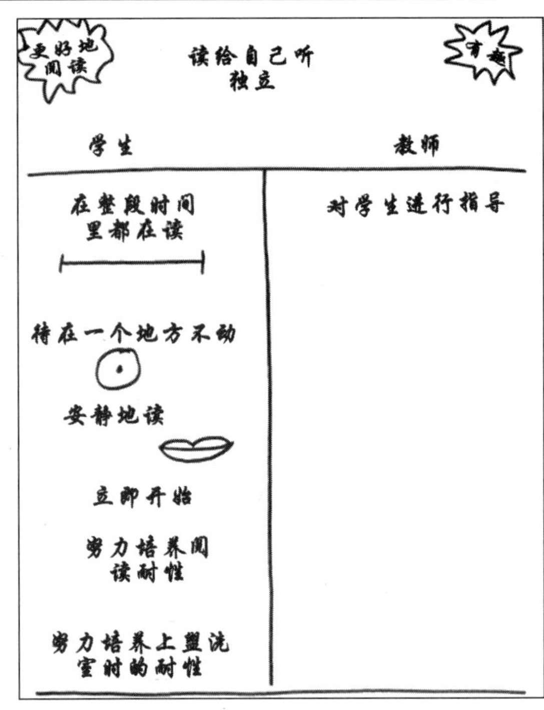

表 4.7

运行“读给自己听”这一任务时的“独立能力图”

他们坐在哪里。这些图的制作过程也是学生们建构自己的记忆、计划、背景知识和经验的过程；这些不同方面所组成的多维层面，是学生们用来在学习生活中生发意义、形成理解的事物。

在介绍“每天阅读五项”的每一组件时，全班学生都要聚到一起制定一张纲要图，这张图我们称之为“独立能力图”。我们讨论学生和教师在运行那项任务时要展示的行为，并把我们讨论的结果记录在这些图上。然后，这些图会被粘贴在教室里，以便一年下来我们随时参照学生的想法和学习活动。表 4.7 提供的图例是运行“读给自己听”这一任务时的“独立能力图”。

教室设计

想一想在拓展时间段里做阅读时你会坐在哪里。是在餐桌边、床上、办公桌边、长沙发上还是地板上？环境舒适度对学生能否保持耐性起着重要作用，所以我们放弃了那种传统模式 —— 每名学生一张课桌，排成豆荚状或者行列整齐的样子。相反，我们教室里的桌椅一次只够约一半学生坐下，这样就把教室里的空间腾出一部分，为学生提供多种别的就座选择。在开学头几周，我们引导学生体验多种就座选择，发现最适合自己个性和学习风格的落座处。凭借自己的练习和教师的引导，我们的学生最终自行选好可以让自己和同班同学成功培养耐性的落座处。一般情况下，我们教室里有以下选择：

- 矮桌子，供坐在地板上的学生使用
- 普通桌子，周围配有数把椅子
- 高柜台，供站着的学生使用
- 舒服的椅子、长沙发或双人沙发
- 小地毯，供趴在地上的学生使用
- 高出地面的平台，其上下皆可坐
- 几个较私密、不易分散注意力的地方，仅配有一个座位

图 4.8
桌腿加长的部分被去掉，这样写作时坐在地板上或者跪着的学生就可以使用

图 4.9
学生们喜欢坐在地板上，而椅子也是毛绒玩具的乐园

图 4.10
就没有他们不喜欢的地方

图 4.11
这间教室宽敞舒适，真是学习的理想场所

在启动“每天阅读五项”时，最初，我们是让学生每天选择不同的位置来就座，并总是请他们反思刚坐过的地方是否对他们培养独立能力起作

图 4.12
身体放松了，学生看书才能更久

用。当学生开始表示已准备好自行选择时，我们提醒他们要选择对自己的身心以及对身边的人最好的位置。总有些学生会说紧贴着好朋友坐他们可以集中注意力独立学习。我们要常常去引导这种会话，帮助学生理解他们的好朋友也需要集中注意力。

你们怎么知道学生何时准备自己选择位置？并不是所有学生都同时做好了这种准备。当应该把学生分派到他们能独立学习的场所时（参见第三章“教授与学习独立的十个步骤”），他们当中有许多人会说：“坐在那里，我真的能好好培养耐性”，或者“那里不是我培养独立能力的好地方”。这时，我们知道他们也许准备自己选择了。支持学生自己选择坐在哪里不仅有助于其保持耐性，而且也创建了选择文化。帮助学生关注这种小决定之重要性也就是向他们发送如下信息：在这间教室里，我们信任他们可以自己决定和选择。

因为面向全体学生的指导总是在集合处进行，用不了多久学生就会清楚集合处以外的其他地方很重要，是用于独立能力培养和小组活动的；学习目标明确了之后，一种忙碌而带节奏的窸窸窣窣声就会在教室里响起。

图 4.13
集合处是一个用来学习的地方

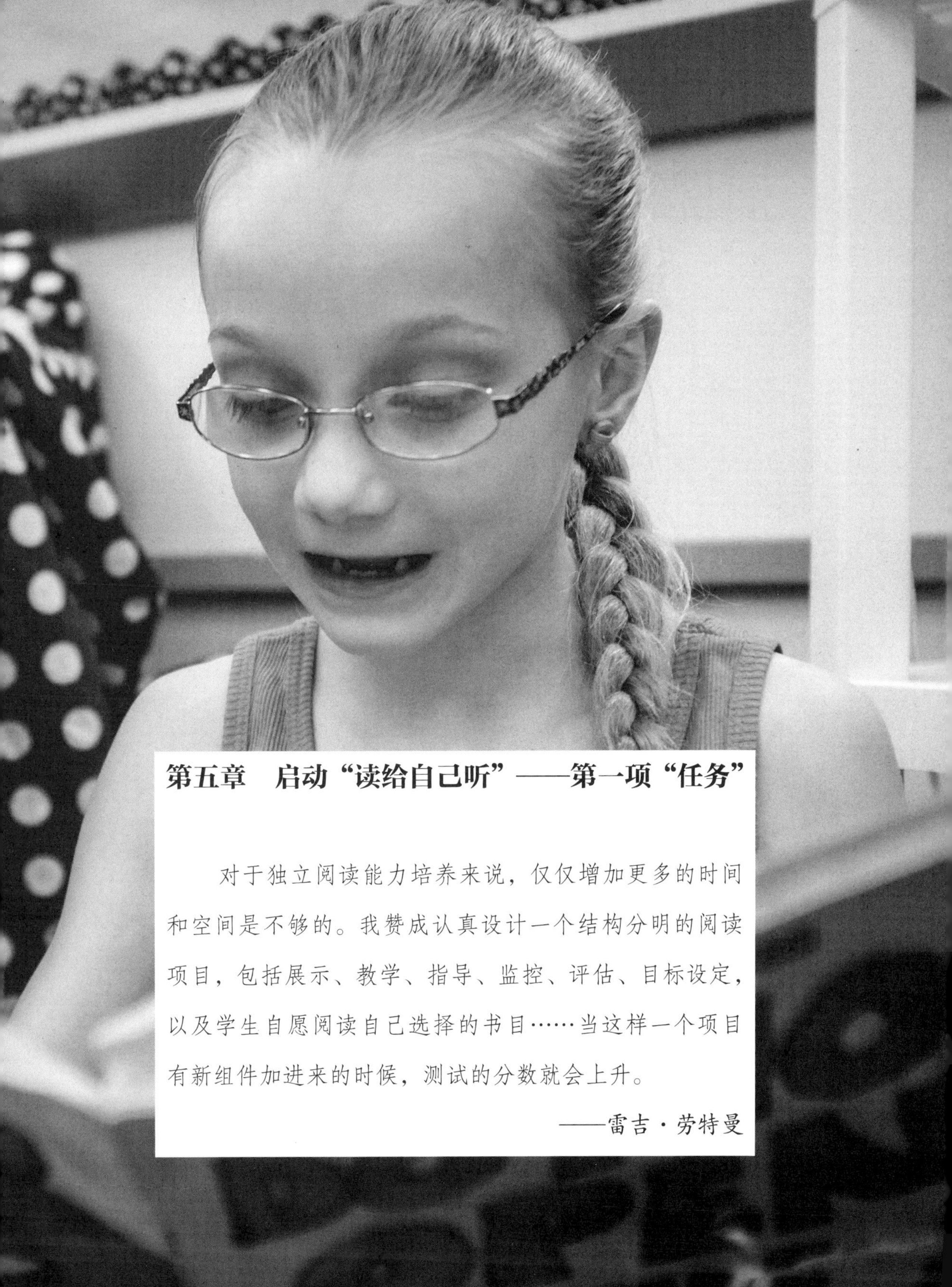

第五章　启动“读给自己听”——第一项“任务”

对于独立阅读能力培养来说，仅仅增加更多的时间和空间是不够的。我赞成认真设计一个结构分明的阅读项目，包括展示、教学、指导、监控、评估、目标设定，以及学生自愿阅读自己选择的书目……当这样一个项目有新组件加进来的时候，测试的分数就会上升。

——雷吉·劳特曼

开始“每天阅读五项”这一项目的时间，无论是在一学年之初还是在一学年的中期，我们总是先启动“读给自己听”这一任务。之所以这么做，是因为这一任务的运行涉及语言、日常工作、教师的期待和“每天阅读五项”所有其他组件赖以存在的基础 —— 各种行为。这一任务使我们得以为学生在读写板块中培养耐性提供支持；在任务运行期间，我们还给学生讲授为随后运行“每天阅读五项”的其他组件做准备的“基础课”。

教给学生每天如何在拓展时间里独立地阅读，可以使学生自觉地投入到学习活动中；自主性学习是我们这一综合读写项目的中心所在。当学生有耐性独立阅读的时候，他们会积极地投入到阅读过程中。

读完幼儿园之际，五岁的本在反思这一年的学习生活。当我们问在阅读的时候什么东西对他的帮助最大时，他立即回答说，是“每天阅读五项”，因为参与了“读给自己听”这一任务后，他读得更好了。我们让他解释一下为什么“读给自己听”使他读得更好。他慢慢地把头歪向左边，看看天花板，开始慢条斯理、若有所思地说，在参与“读给自己听”之后，他开始在准确性上下功夫。他刚来学校的时候，无法准确阅读，但是每天在“每天阅读五项”期间反复练习，现在可以准确阅读了。

让学生读给自己听是“每天阅读五项”这一项目的第一个部分，是学生能独立读写的基础。这一任务表面上看起来基础、简单、不解自明，但我们发现，要使“读给自己听”这一任务真正成为提高所有读写技能的有力工具，在介绍这一任务时，必须对学生进行目标明确的集中指导。

成功运行“读给自己听”和“每天阅读五项”的所有组成任务的关键是从小处着手、逐渐累积。在启动“每天阅读五项”的任一组成任务时，我们采用的是“教授与学习独立的十个步骤”（参见第三章），以及皮尔逊和加拉格尔（1983）提出的“逐步释放责任”的模式。

我们很多人相信逐步释放责任的价值，但是在实际实践这一模式的时候，我们经常犯的错误是认为如果我们教给学生什么东西并让他们有机会练习一到两次，他们就应该具备独立能力了。你们会发现，在介绍“每天阅读五项”这一项目时，我们对“逐步释放责任”这一模式有非常强的意识。我们把学生召集到一起，为他们描述某种新技能或者行为，向他们示范，让他们练习，再与他们讨论这种技能，接着重复练习和讨论几遍，直到这种行为成为一种习惯。你们在阅读我们对“每天阅读五项”的第一项，即“读给自己听”，所做的描述时会注意到，每天的练习时间被分成多个短时间段儿，在刚开学的前几周里，我们一直重复针对某种技能的练习和讨论。我们发现，这种重复对帮助学生成功培养良好的读写习惯、独立能力和阅读耐性至关重要。

这一整年的调子在开学的前几周里便奠定下来。在这个至关重要的时段，如果我们能不慌不忙、徐徐渐进、深思熟虑地打下一个扎实的基础，这一整年的工作便值了。我们在开始的时候徐徐渐进是为了日后能够突飞猛进。

此刻，你们也许想花上短暂的片刻来浏览一下本专著的附录，这样你们便会知道如何查找这一项目的实施细节和我们所做的一些计划安排（样本），这些信息会帮助你们直观地了解“每天阅读五项”的启动过程。

第一天

我们利用新学年开始前的几天，会认真考虑教室设计问题，预想“晴雨表学生”可能需要的支持，以及为“每天阅读五项”的启动准备材料。

在开学第一天，如果在学生到达前几分钟朝我们教室里看一下，你们会看到，墙上相对较空，只是在布告栏里有几行包括“每天阅读五项”、“理解、准确、流畅暨词汇扩展”和“每天数学三项”在内的大标题。几近光秃的墙壁等待着关于学生学习情况的文件出现 —— 例如，“每天阅读五项”和“每天数学三项”的“独立能力图”、班级词汇收集处、“理解、准确、流畅暨词汇扩展”策略——在接下来这一学年里，随着学生在上课、展示和练习中前行，上述文件会慢慢把墙壁填满。我们教室里到处都是书——不仅书库里有书，散置各处的书籍收纳篮里也有书。

在开学之前，我们给学生家长写了一封信，邀请他们在开学之前带着孩子来参观，并把孩子要用到的日用品一起带来。在新学年开始之前，当家长带着孩子来参观的时候，我们指给孩子们看，他们应该把自己的日用品放在大收纳桶里的什么地方；我们让他们浏览教室书库里的图书，把自己的书籍收纳篮装上书，以备开学第一天使用。这些学生知道，开学第一天，他们来到教室以后，就要从自己的书籍收纳篮里拿出书来读。我们也请开学前参观过这里的学生帮助那些没能来参观的学生，把他们的材料放在正确的收纳桶里，因为在接下来的这一整学年里，大家都要从收纳桶里取日用品；我们也让之前来参观过的学生邀请那些没能来参观的同学浏览一下教室里的图书。

开学第一天，学生们一走进教室，我们便欢迎他们；对于我们没见过的家长和学生，我们再额外花点时间跟他们交流。在几分钟之内，学生们便散坐在教室各处——小地毯上、大枕头上、桌子边，愉快地翻阅着图书，或者把自己的彩色蜡笔和纸张放入我们已贴了标签的日用品收纳桶里。

阅读一本书的三种方式

每名学生都到了之后，我们把全班学生召集到集合处，开始上第一堂朗读课。我们经常以朗读某位特定作者的绘本开启新的学年；任何一本篇幅不长的绘本都可以作为朗读材料。在上第一堂朗读课时，我们把“阅读一本书的三种方式”教给学生，这也是“读给自己听”这一任务的基础课。在第六章，我们将具体探讨每一种基础课。对于那些还不能阅读英文的学生和那些之前未接触过英文的学生，“阅读一本书的三种方式”是非常棒的一课；我们打消这些学生的疑虑，告诉他们，当我们示范完“阅读图画”“阅读文字”和“复述故事”这三项选择之后，他们就都会读书了。虽然我们教室里的学生拥有多样化的文化背景，我们大部分阅读材料通常都是用英文写的。按照惯例，专门来我们这里学习英语的学生本来可以用自己的第一语言阅读，但是在我们认定替代“阅读”也有效的时候，他们也可以积极参与“读给自己听”这一任务。告诉学生读书的方式有三种，可以打消学生打退堂鼓的念头，他们就不太会说什么“但是我不会做‘读给自己听’这一任务；我不知道怎么做！”以下是阅读的三种方式（参见图 5.1）：

- 阅读图画
- 阅读文字
- 复述故事

图 5.1
玛丽琳在开学第一天向四年级学生讲授“阅读一本书的三种方式”

我们从“阅读图画”开始。对于年龄最小或者较无经验的学生来说，这也许是一种新思维；直到目前，他们一直相信，“阅读”指的是阅读文字，并且阅读一点都不重要。听了我们如何阅读图画之后，很多学生会说"我要那么做"。学着阅读，尤其是在起始阶段，大都是"阅读文字""结合图画看"和"弄懂故事"三者的结合。在这第一堂课，我们也示范了"阅读文字"。为了把焦点课的课时保持在合理时长，我们把"复述故事"留作下一堂焦点课的内容；第二堂焦点课我们在第二天或者第一天稍后一点的时间来讲授。

我们如此开始课堂："同学们，今天，我们要学习阅读一本书的两种方式。第一种方式是'阅读图画'。图片经常承载着我们所阅读文本的大部分意义。我一直都在使用图画。在我尝试做一道新菜的时候，我使用了这本食谱里的图。昨天，在我给家里装风扇降温的时候，我用的是这一页说明书里的图。我一直用这本书里的图来识别我在后院见到的小鸟。现在我要给你们阅读一本书里的图画，我想让你们观察、聆听，并看一看自己注意到了什么。在我结束的时候，请准备好把你观察到的一两样东西告诉你身边的伙伴。"

我们总是使用绘本来上这堂课，但我们会挑选对我们正在教的年级来说既有趣又适合的绘本。例如，我们可能为幼儿园学生选择一本每页只有六到十个词的早教图书，为小学各年级学生选择凯文·亨克斯创作的图书，为小学中间各年级学生选择派翠西亚·波拉蔻创作的图书。我们通过阅读图画来讲故事，在适当的时候停止阅读，然后自言自语，并对某些东西进行预言和怀疑，等等。我们要记住：就眼前来说，只要我们读的图画对我们所说的话有辅助作用，即使我们用的词跟文本和故事不吻合也没关系。

"同学们，老师阅读这些图画时，你只需要看着我。"然后我们又会继续讲："转身去告诉身边的伙伴，你注意到了什么。你们两个一定要相互分享，看一看自己能否说出至少两种不同的东西。"在学生们都谈过了之后，我们把几名学生叫起来，让他们说一说他们的伙伴说了些什么。这种做法创建了一种文化；在这种文化里，我们非常希望大家认真聆听对方说的话，而不仅仅是等待自己可以说话的机会。

“这一次，在我阅读文字的时候，你们继续当侦探，看一看自己会注意到什么。”我们开始读同一个故事的文本（如果所读的绘本内容比较长，读出一部分就可以），也时不时地停下来，以便让学生们思考、探索，琢磨其中的文字、人物、故事情节等等；并向学生示范阅读理解策略，然后让他们模仿。读完文本的时候，我们说，“同学们，转过身去告诉身边的伙伴你注意到了什么。如果上一次是你先说的，这一次让你的伙伴先说。请准备好把你的伙伴的想法与我们分享”。

学生们注意到，或者是我们引导他们注意到，无论我们是在阅读文字或者图画，还是两者相结合，在阅读过程中，我们都接连地停下来，让学生有时间思考和理解书里的内容。阅读是一件丝毫也不被动的事情。

在那天稍后的时间或者第二天，我们上课时先复习之前学过的阅读一本书的两种方式。“如果你记得昨天学过的阅读一本书的两种方式，请举起一个大拇指。”我们说道。许多大拇指举了起来。“请转过身去把其中的一种方式告诉身边的伙伴，看看他 / 她是否记得另外一种。”

“太棒了！我听到你们在说‘阅读文字’和‘阅读图画’。现在我们将看一下阅读一本书的最后一种方式，也就是把已经读过的故事复述一遍。这是我之前给你们读过的那本书。因为我已经给你们读了其中的文字和图片，所以这本书在我的脑子里依然相当清晰，因而你们要仔细看好了，我要给你们展示复述这个故事看起来和听起来是怎么一回事儿。”我们将这本书逐页浏览了一遍，边浏览边复述书中的故事。“你们注意到了吗？我在利用书里的图片和我记住的以前读过的文字来复述这个故事。这种读书方式很有趣，尤其是当你阅读自己最喜欢的图书时！今天，你们在‘读给自己听’时段培养耐性的时候，可以选择阅读图画、文字或者复述你已经读过的一本书。”

不管学生几岁和上几年级，非常有必要教给他们阅读图画、文字和复述故事，让他们知道到底是怎么回事儿。当学生理解了这三种方式以及蕴含在每种方式中的思维，他们就能有效地练习，从而能在拓展时间里独立阅读。

在我们阅读那本书的时候——无论是阅读图画、文字还是复述故事——也时不时地停下来，给学生示范一下如何“检查自己是否明白”；这是“理解、准确、流畅暨词汇扩展”菜单的第一条阅读策略，每年我们都将其教给各个年龄段和各种水平的学生。（波什、莫瑟，2009）对于“阅读一本书的三种方式”和“检查自己是否明白”这两种焦点课，我们非常努力地将其长度保持在 7 到 10 分钟，这里面还包括朗读环节。即使是如此短暂的一堂课，上完之后，学生就开始变得骚动不安，这时就到了让其身心休息一下的时间了。我们已经教过多个年级的学生，也熟悉脑研究（参见第二章的“脑研究”一节），所以我们明白，学生可以专心听课的分钟数与其年龄大致匹配。

第一次让学生休息一下身心的方法可以很简单，比如让他们站起来，转向身边的学生，相互分享一下自己的名字和另外一条与自己有关的信息。对于年龄小的学生，我们经常在这段休息时间里教给他们一首歌或者一首诗 —— 这种方法很棒，可以把音位意识织入他们的日常学习活动。

现在，学生的书籍收纳篮里已装满了书，“阅读一本书的三种方式”的第一部分已经讲解完毕，该启动“读给自己听”这一任务了。

最后——我们启动“读给自己听”

启动“读给自己听”这一任务包含把第三章描述过的“教授与学习独立的十个步骤”全部做一遍。附录 B 简要说明了“读给自己听”的启动过程。如果我们教的是年龄大一些的学生，我们可以把“教授与学习独立的十个步骤”运行两轮（即把“读给自己听”这一任务运行两轮），再向“独立能力图”添加一种学生行为，并让学生再练习一次，这其中包括让学生试着找一个新位置和继续培养耐性。

如果我们教的是年龄小一些的学生，一般情况下，“读给自己听”这一任务的启动工作在一轮运行完成之后即告结束，因为此时学生的耐性开始逐渐减弱。在开学首日的一整天时间里，对于所有年龄的学生，我们会让他们再练习两到三次，但现在我们得接着开始讲授为“每天阅读五项”里的其他选择而设的基础课。（“每天阅读五项”这一项目前十五天的课程安排范例，请参见附录I）

整合各种基础课

通过“教授与学习独立的十个步骤”介绍“读给自己听”的工作一结束，接下来亟待解决的问题是：在刚开始的那些时日里，学生的耐性有限，在读写板块剩下的时间里会发生什么？就像之前我们提到过的，因为启动“读给自己听”这一任务所需时间长短，取决于学生耐性程度，所以在实际练习的时候，“读给自己听”的运行只占了读写时间的一小部分，每天慢慢积累。读写板块剩下的时间，教师可以利用来介绍其他“任务”之前学生需要学习的基础课。

我们喜欢把这些基础课当作即兴指导，预先教给学生“每天阅读五项”里的各项选择所要求的可接受行为。这样做有利于防止出现使学生无法正确练习和培养耐性的不符合期望之举。在启动“每天阅读五项”的其他选择项目前讲授这些基础课，这样在这些任务到来之际，我们就可以直接进入练习时间。我们不想在启动“每天阅读五项”的其他四项选择时还要啰啰唆唆地上基础课。既然学期之初我们有额外时间，并且学生依然处于耐性培养阶段，此时我们把所有基础课展示给他们是讲得通的。

我们为“每天阅读五项”的每一任务开发了基础课。在本章接下来的各节里，我们将描述启动“读给自己听”这一任务的基础课。剩下的各种基础课我们将在本专著的第六章里详细描述。

“读给自己听”这一任务的基础课如下：

- 阅读一本书的三种方式（参见本章“阅读一本书的三种方式”一节）

- 我挑选适合自己的图书
- 成功选择位置（参见第六章“成功选择位置”一小节）

也许你们已经注意到，对于年龄最小的学生，以及刚开始接触英语的学生来说，一般情况下，我们是在开学第一天启动“读给自己听”之前给他们讲授“阅读一本书的三种方式”。在启动“每天阅读五项”里相应的任务之前给学生讲授诸如“阅读一本书的三种方式”的基础课非常重要，这样做揭示了我们开设这些基础课的原因 —— 避免学生做出使其无法培养独立能力和耐性的行为。

“每天阅读五项”的第一次练习一结束，在学生们的身心得到休息之后，接下来我们就从“读给自己听”的基础课中选出一种来教给学生。尤其是对于年龄大一些的学生，我们立即给他们讲授“**我挑选**适合自己的图书”这一基础课。这是在开学之初就要讲授的一堂课，非常重要是因为年龄大一些的学生需要自行选择阅读书目。选择毕竟是一种强大的力量，能够使学生为自己的学习承担责任，并且使其明白学为己用；让学生有选择权可以增强其积极性和提高其学习水平。（甘布里尔，2011）

我挑选适合自己的图书

我们从将近七十年的研究中发现了能证实如下内容的证据：对学生而言，可以独立阅读的书，或者适合自己的图书，是他们能够以 99% 的准确率阅读的书。（贝茨，1946）甘布里尔、威尔逊和甘特（1981）指出：开小差越多，朗读时错误就越多。基于科学研究，以及教育界领军人物的发现，我们认为，非常有必要在焦点课时间教给学生如何选择既适合自己、自己又非常喜欢并且“似乎是为自己定制的”图书（劳特曼，2003，93）。

作为教室里的教师，我们明白适合学生的图书在教室里发挥的重要作用。我们的目标是，学生以后每次去公共图书馆、当地书店、学校图书馆或者教室图书角的时候，能够做到不依赖任何的阅读分级标签比如像“蓝思”[1]，而自行挑选出适合自己的图书。

在学年中间加入琼的班级里时，对于佩德罗来说，能独立选择图书比以往任何时候都更重要。那时，在教室图书角，流行的做法是把图书根据分级的不同分类码放。我们也这么做了，认为这种方法可以为学生提供支持，可以加快他们的“图书采购”过程。在对佩德罗进行了评估之后，琼指给他看装有最接近其阅读水平书籍的收纳桶，这样他就能够把自己的书籍收纳桶装满并开始参与“每天阅读五项”了。

佩德罗热爱图书；除了好好读书，他什么都不想做。那时，他家里没有图书，但琼帮助他和他母亲办理了公交车卡，还有漂亮的公共图书馆的借书证。琼永远也忘不了安排佩德罗和其母亲第一次参观公共图书馆的那一天。这一天快放学的时候，她与佩德罗道别时，对当晚他要进行的首次图书馆远足表达了期待和激动。她特地在第二天安排了一个时间，让他把从图书馆借的书带来，这样他们就可以一起看一看。那天晚上，琼难以入睡，她为佩德罗感到兴奋，急不可耐地等着第二天上午要见到他。

第二天，琼激动地等着佩德罗到达学校。他一走进教室，她就冲上去，连珠炮似的问题抛给了佩德罗：“公共图书馆怎么样？”“你最喜欢它哪一部分？”“你最喜欢哪个藏书区？”“你最喜欢哪一本书？”他眨巴着眼睛，告诉琼他看到的关于那座漂亮建筑物的一切，并告诉她一个事实：在生活中，他从未见过那么多书。她急切地坐下，准备好好瞧一瞧他带来的新书。但是，请你们等一下，他从公共图书馆借来的新书在哪里？他迅速答道：“噢，我没有从图书馆借任何书；那里没有装书的红色收纳桶可供我选择啊！”

在琼的职业生涯中，与佩德罗交谈的那一刻是深深印在她脑海中的时刻之一。在努力支持佩德罗找到适合自己的图书这一过程中，她实际上束缚了他！她用来为图书分级的收纳桶，实际上却让佩德罗出了学校的大门，

1 即 Lexile，是 MetaMetrics 的教育评测和研究公司开发的一套英语阅读体系。——译注

就不会独立查找图书。

我们教学教了这么多年后发现，很显然，选择一本适合自己的图书并不仅仅是从分好级的收纳桶里挑选一本或者仅仅把大部分文字都读对了。我们开始明白，在寻找适合自己的图书的过程中，阅读目的、对某个话题的兴趣和理解能力，它们的作用和阅读能力一样大。于是，我们的基础课——“**我挑选**”便诞生了。

几乎在一整学年里的每一天，我们都跟学生谈论“适合自己的图书”。在我们自己的教室里和学校的图书馆里，我们都采用“**我挑选**”这一方法。图书管理员、校长，甚至是学校里的秘书都知道这一方法；跟学生交流时，他们也使用“**我挑选**”语言。“**我挑选**”这一说法言简意深；要想使学生对这一基础课的学习发挥作用，我们就得时常与他们交谈、支持他们并相信他们的责任感。我们告诉学生，要想更好地阅读，最重要的事情之一是阅读适合自己的图书。I–PICK（“**我挑选**”）这一首字母缩略形式所涵盖的内容就是帮助学生做重大选择的工具。

我挑选（I–PICK）适合自己的图书

I：我选出一本书，里里外外仔细看了看。

Purpose（目的）：我为什么要读这本书？

Interest（兴趣）：我对这本书感兴趣吗？

Comprehend（理解）：我理解我正在读的内容吗？

Know（认识）：我认识这本书里的大部分词语吗？

我们把挑选图书比作挑选鞋子，教给学生如何选择适合自己的图书。关于如何找到适合自己的图书的开门课是我们的招牌课。我们创建了一份“**我挑选**”图，将其作为这堂课的一部分，全年都会参考。我们来学校的时候带来了一个袋子，里面装着我们挑选出的各种鞋子：化装舞会上穿的鞋子、网球鞋、雪地靴、高尔夫鞋和我们丈夫穿的大大的远足靴。

我（I）：我们把鞋子一双一双拿出来，仔细打量，然后接着往下讲。

目的（P）：我们讨论穿每种鞋的**目的**和为了某一目的而穿对鞋子的重要性。打保龄球的时候我们不会穿参加化装舞会时穿的鞋子，当然参加舞会的时候我们也不会穿打保龄球时穿的鞋子。然后我们把这种“行为—目的”关系类推到图书选择之可能目的上来：学点什么、逃避什么、培养耐性、自娱自乐等等。我们选出的每一本书一定要与我们选择它的目的相匹配。要确保找到适合自己的物什，弄清楚我们的目的是根本，选鞋子和选书的时候皆是如此。

兴趣（I）：在我们开始谈**兴趣**的时候，我们的看法与学生相同：在我们的袋子里找不到足球鞋和芭蕾舞鞋，因为这些鞋子与我们的兴趣不匹配。他们肯定与别人的兴趣相匹配，但是，既然它们与我们的兴趣不匹配，我们不会把时间和精力放在穿这些鞋子上面。我们讨论了那些与我们拥有的鞋子相匹配的兴趣；随着交谈的深入，我们逐渐阐明了挑选自己真正感兴趣的图书的重要性。然后，我们分享了如何因为缺乏兴趣、我们从未读完某些书的故事，也讨论了一些大家自己半途而废、读不下去的图书品种、作者和书名。

虽然现在有很多专业文献都在强调要帮助孩子选择适合自己的图书，但我们往往还是忽略了孩子对图书的兴趣。全美的广大地区，大家都在关注蓝思分级和可读程度分级，但我们常常忘记，和成年人一样，孩子需要对阅读的东西产生兴趣。兴趣至关重要；学生们有了兴趣，我们才可以让他们大量阅读，帮助他们从“困难”读者变成终身读者，为了知识和愉悦而阅读。

在把“选择适合自己的图书”的最后两步教给学生之前，我们又回到了装鞋子的袋子，从中取出我们丈夫那双很大的远足靴。我们仔细看了看这双靴子，然后跟学生们说我们想去远足，很有兴趣去看一看周围的大自然（满足了前面三个标准）。然而，当我们穿上这双远足靴在教室里缓慢行走的时候，有人在一片笑声中指出这双靴子不合适。很难的书或者我们不理解的书就像不合适的鞋子。不合适的鞋子会绊倒我们，穿起来难受，毫无乐趣可言。

然后，我们让脚码大小不一的几名同学交换鞋子。当他们发现交换来的鞋子不合脚的时候，我们又一次讨论了这些满足他们需求、符合他们兴趣却不合脚的鞋子："埃米莉和本都穿着胶底帆布鞋，就他们的目的——上健身房——以及他们的兴趣——锻炼身体——来说，这种鞋子是非常完美的，但是埃米莉需要小一点的鞋子，而本需要大一点的。如果他们就这样去健身房，他们能跑得更快吗？不会的！如果他们就这样去健身房，他们会玩得高兴吗？不！所以这些鞋子不适合他们。读书亦情同此理！适合埃米莉的图书可能不适合本…… 好了，就这样吧！如果他们想更好地阅读并乐于其中，他们必须有适合自己的图书。"

以下是我们介绍最后两个标准的情形：

理解（C）：只有我们**理解**了自己所读的内容，我们阅读的书才适合我们。

认识（K）：只有我们**认识**书中的词语，我们阅读的书才适合我们。既然我们的标准是99%的准确率，我们不能依靠那套旧的"五个手指"规则；在运用"五个手指"规则的时候，我们让学生为他们发现的每一个不认识的单词举起一个手指。这一规则是不可靠的，因为一年级学生的书也许每页有六个单词，六年级学生的书也许每页有三百个单词。我们随便拿一本绘本、小说或杂志来读它的一部分，看一看我们是否真的能阅读每一个单词。准确率越高，就越流利，理解越透彻。

我们用多种阅读材料示范"**我挑选**"的最后两个任务：绘本、杂志、食谱、分章节故事书，以及医学期刊、财经出版物或者技术手册中的一种。我们运用"**我挑选**"这一方法来简单地测试了一下每种阅读材料是否适合，结果发现医学期刊和财经出版物或技术手册，我们或许能准确读出其文字但不理解其意思；或者说，就拿医学期刊来说，也许我们根本就无法准确地阅读。

“**我挑选**”这一基础课的美妙之处在于，它是我们在教室里创造“自豪和尊重”氛围的关键部分之一。学生们可以自由挑选能满足其需求且能使其达到目标的图书，并且他们也学着重视和赞扬同班同学所做的选择。

我们上完了一天的课后，便花时间帮助学生运用“**我挑选**”策略查找图书。如果我们有充足的图书资源，所有人就都在教室里活动；否则，我们就去图书馆；无论学生们在哪里查找图书，我们总是把“**我挑选**”的图纸放在他们能看得见的地方供其快速参考。有时候，我们采用另一种做法，那就是把学生分成均等的两拨，让其中一拨在教室书库里用“**我挑选**”方法支持自己的图书查找工作，把另一拨送到学校图书馆；在那里，图书馆管理员会做与我们相同的事情。许多教师非常幸运，在一整学年里，当学生到图书馆浏览图书时，那里的管理员会使用与我们相同的语言来巩固“**我挑选**”这一技能。

在一整学年里，当有学生为找到适合自己的图书而请求帮助时，任何一次，我们都把这一过程从头到尾过一遍。我们把“**我挑选**”图纸当作泊船之锚，首先询问他们查找图书的**目的**。是想找一本好故事书，为了在做“每天阅读五项”时阅读，还是想找一本书来帮助自己完成正在撰写的报告，抑或只是想找一本书读着玩玩？

然后，我们问他们对什么感**兴趣**。他们是想看一看这里是否有自己喜爱的作者写的其他书？是不是痴迷于某种体裁？是不是有一个话题自己想知道的更多一些？与他们交谈完之后，我们接着就帮助、指导他们如何查找自己想要的图书，然后静静地看着他们选取一段文本来看一看那本书是否符合最后两个标准——“**理解**书的内容”和“**认识**里面的词语”。让学生学会检查自己的理解程度，在教师的指导下做大量练习是必需的，所以我们每次与学生单独交谈或者对一小组学生进行指导的时候，都要坚持检查他们的选书情况。在这一整个学年里，我们每周都以某种形式上一堂“**我挑选**”这一基础课。

学生们如果学会挑选适合自己的图书，那么不管是在学校、家里、书店，还是公共图书馆，他们都有能力做出较好的阅读选择。对在教室里培养学生的独立能力而言，一件很重要的事情便是所有学生都能找到适合自己的各种图书。是不是我们所有人都曾体验过这样的挫败——有些学生把大部分独立阅读时间都花在找书上而不是花在阅读上？更不用提“采购”图书时随身携带与所参与“任务”无关之物的学生有多少！那些风险最高的或者自我感觉不成功的学生常常是图书“采购”起来很娴熟，但对其最有帮助的行为——“在整段时间里都在读”——却根本不做的那些人。然而，学生们一旦将“**我挑选**”这一过程内化，在查找图书的时候他们就不再会借着闲逛把宝贵的阅读时间浪费掉。既然我们知道学会读书的最佳方式是花大量时间来阅读，并且这其中的大部分时间需要用在阅读适合自己的图书上，讲授“**我挑选**”这一基础课以及随后对之加以复习，有助于确保将要发生的事情正如我们所愿。

在展示“**我挑选**”这一课的那一周，我们往每名学生的家里寄了一份通讯，跟他们讲了有关“**我挑选**”的事情，并请他们帮忙和支持。我们至少每月一次在通讯里都会提醒要做“**我挑选**”，使之成为我们的学生及其看护人的首要事情。

在学生们掌握了“**我挑选**”这一概念的时候，我们让他们在全班同学面前示范自己的图书挑选过程。对班级里的其他学生来说，一遍又一遍地观看同龄人选择适合自己的图书有助于他们强化“**我挑选**”这一概念。我们也邀请一些嘉宾（体操教师、校长、一些孩子的父母等等）来跟学生分享当前适合他们读的图书。

现在，我们已经开辟了多种交流渠道，不仅是为教室里的学生创造机会让他们学习如何选择适合自己的图书，还是为教室里所有学生创造机会让他们都能受到表扬和尊重，因为在向着更好地阅读这一目标进发的过程中，他们需要阅读种类繁多的图书。

我们以鞋子作为譬喻来上的“**我挑选**”这一基础课有许多变化。我们认识一些教师，他们把大小不一的哑铃和适合自己的图书（如《金发姑娘和三只熊》）联系起来，有的教师甚至以不同种类的食物为譬喻来上这一基础课。选择适合自己的图书确实是一种伴人终生的技能，现在就连我们也在使用这一技能。

在选择适合自己的图书时，我们面临的挑战之一是时间。请你们想一想上一次去图书馆、书店，甚或在亚马逊网站上寻找图书时的情形。查找图书的过程很费时间。我们教室里的学生也概莫能外。他们需要时间来浏览才能找到适合自己的图书。我们记得，曾几何时我们会跟学生们说：“你需要先看一看，然后抓起一本 —— 任何一本 —— 读起来就是了！”或者，我们甚至可能跟他们说：“给你。就把这些书读一读吧。”我们并不为那些时日感到自豪，因为现在我们知道，自己能找到了不起的图书具有多么大的力量。我们肯定想鼓励学生们花必需的时间来查找适合自己的图书，但是我们也想限制高风险的学生长年累月、日复一日地把宝贵的“每天阅读五项”时间耗在浏览图书上来躲避阅读。

我们支持手头有时间的学生用多种方式查找适合自己的图书。有时，有些学生在上课前就走进教室 —— 这是寻找图书的极佳时间。或者，我们可以把刚开始上课的那几分钟贡献出来让学生来找图书。学生可以独立挑选图书；如果必要的话，其图书采购工作可以在我们的帮助下进行。

如果我们每周都有一点儿时间可以去学校图书馆，像之前提到过的那样，我们经常把全班学生分成两拨。我们把一半学生送去学校图书馆，在那里图书管理员用“**我挑选**”这一方法帮助他们查找图书。另一半学生与我们一起待在教室里，在他们从教室图书角里查找图书时，我们在一旁为他们提供支持。在接下来的一周，我们把两组学生的活动交换一下；这样就可以使学生以较小的组群熟悉两个图书馆。如果图书管理员也使用同样的“**我挑选**”语言，那实在是非常棒的！

我们每一次与学生单独交谈或者对一小组学生提供指导的时候，都谈论适合自己的图书一事。既然我们与学生单独交谈或者对一小组学生进行指导时涉及的都是学生自己挑选的图书，那么与学生单独交谈或者对一小组学生进行指导时便成为我们了解学生阅读的绝佳时机：图书是否有适合他们，是否广泛涵盖虚构类作品和非虚构类作品。哪位学生在努力查找自己喜爱、在他能力范围之内而且难度不大的图书很快便一目了然。学生的情绪一旦高涨起来，在“每天阅读五项”运行之初，我们便经常约见他们，以便帮助他们检查其书籍收纳篮里装的是不是适合他们的图书；我们想让

图 5.2
凯利·亚尔正在询问学生她挑选的是否适合自己

他们从一开始就有成功的可能。当我们频繁登记学生是否已找到适合自己的图书时，图书选择过程便可迅疾完成。

学生们一旦掌握了运用“**我挑选**”法选择图书的诀窍，便可以更好地利用图书采购时间。或许凯利·亚尔——华盛顿州的一名小学一年级教师——为学生提供图书采购时间的方式是我们最喜欢的。（图 5.2）

每周一次，凯利的学生在“每天阅读五项”的某轮运行期间要到她那里登记“图书采购”。他们利用这一整轮时间在学校图书馆或者教室书库

图 5.3
在图书采购时间，一名学生正在教室书库里快速浏览一箱图书

里采购图书。（图 5.3）为学生采购图书提供这么一段时间方便了那些在上课之前无法早早来到学校的学生，也便于学生随时准备好将自己手头的图书换成别的，还使那些不愿读书的学生无法以图书采购为手法躲避阅读。我们可以使用“每天阅读五项”登记表（将于第七章对该表进行解释）简单记下每名学生每周对“每天阅读五项”所做的选择。因此，如果他们登记了“图书采购”并且也去采购了，我们会用胳膊肘轻轻推一下他们，督促他们选择另外一项任务。凯利的安排也延长了学生可以查找图书的时间，因为需要花点时间研读、浏览和尝试各种图书我们才会知道自己喜不喜欢。

选择适合自己的图书是读书的要件，我们认为，记住这一点非常重要。我们已发现，在“每天阅读五项”的运行期间，如果某学生的行为看起来有些不稳定，问题经常出在其图书选择上。我们经常检查我们的藏书是否需要变一变，或者看一看某学生是否需要我们的帮助才能找到他真正喜爱的图书，从而可以进入凯莉·加拉格尔称之为“阅读流”（2009）的状态。

开学第一天，到我们把第一堂“**我挑选**”课展示完毕并且学生已经尝试了这一过程的时候，时间也许才刚到半上午，但是很多困难工作我们已经做完了。现在，学生们需要活动一下，我们便利用让学生放松一下大脑的这点时间带他们参观了一下学校，并开始教给他们“走廊行为”。我们在教室门口贴了一张“独立能力图”，上面标着“在走廊里行走”。大家都在门旁站好了以后，我们快速列出几项可取的走廊行为 —— 手别乱动，悄悄行走以尊重其他班级的学习活动，还有“大腿和嘴唇”；这最后一项可是年龄小的学生最喜欢的事情之一。双手贴大腿。嘴唇紧闭。这是一个小把戏，让全班学生在经过走廊的时候保持安静、对其他班级的学习活动表示尊重。

增加其他基础课

在全班学生参观完学校并返回来之后，我们快速看了一下基础课列表上的其他项目。我们知道，我们将在第一周左右的时间里努力把列表上的所有基础课讲授完毕，学生的独立能力会日益增强。既然上午已经排了很多阅读活动，我们该从基础课列表中的“写作训练场”部分选出一种基础课来讲授了，借此让学生们写点什么。

“写作训练场”之基础课

- 在不会拼写的词下面画一横线，然后继续写
- 备好一个笔记本
- 定下想写什么

我们知道，能打消一名学生写作耐性的首要因素里，便有这句让人害怕的“你能告诉我怎么拼写……吗？”。不愿写作的学生为了逃避写作总会想出各种理由，这句话便是一个经典的把戏。

在我们把全体学生召到集合处之后，就开始向他们示范如何写作。我们发现，在我们教室里，我们可以为学生的写作做的最好的事情之一，就是每天在他们面前写作。写的时候，我们把自己的思路自言自语地说给学生听，因此他们可以看到在写作的时候写作者的头脑里都发生了什么。我们向学生示范的是如何写与生活有关的事情。教学生写作的时候，非常重要的一点就是让学生写与自己有关系的事情：在操场上玩耍，带着狗散步，昨天晚餐吃了什么等等。我们一边写一边自言自语地向学生示范，在遇到不确定如何拼写某个词时，在这个词的下面画一横线然后继续写下去。我们想让学生知道两点：第一，我们期望他们使用那些超出他们拼写水平的意义明确、表达力丰富的词语；第二，在未发表的作品里，即使未能把所有词都完美拼写出来，也是没有关系的。更重要的一点是：我们要让自己

写作流畅，就不要打断自己的思路。因此，在不会拼写的词下面画一横线然后继续写下去，这让我们明白：将来我们虽然需要重新处理拼写问题，但眼下我们不能停止自己良好的思考和写作状态。这一堂课听起来与下文所述差不多：

“朋友们，有件事情你们需要知道，这件事情真正有助于培养你们的独立能力，那就是当你想写一个词但又不知道怎么拼写的时候你怎么办。（图 5.4）在向你们展示之前，让我先想一想我要写什么…… 哦，我知道了！

图 5.4
琼在向学生示范一项写作策略——在不知如何拼写的词下面画一横线然后继续写下去

昨天晚上发生了最离奇的事情！晚餐后我坐在室外读书，这时，一只硕大的猫头鹰停到我家平顶屋的栏杆上。我静静地坐在那里，连气都不敢喘。那只猫头鹰目不转睛地盯着下面地上长草的地方。突然，它似乎从平顶屋的边缘掉了下来！我跳起来，跑到平顶屋边缘，正好看见猫头鹰抓住一只大老鼠，然后带着它飞走了。哇！谢谢你，猫头鹰！”

“好了，我的写作计划有了。现在我已准备好马上开始了。”我们开始使用图架、互动白板或者是投影机下面的纸张来写我们的故事；在写的过程中，我们根据所教学生的年龄来调整我们的示范重点和写作语言。例如，在写的时候，我们可能会向年龄小的学生展示如何按音节来拼写单词，帮助他们区分一个一个的音；我们可能会划掉一个陈旧的词，然后代之以更具体、更有趣的词，向中等程度的学生展示如何一边撰写一边修改和编辑。

在写下“昨天晚上……”之后，我们停了下来。“同学们，我不知道怎么拼写 weirdest（最奇怪的）一词，但我真的想用这个词。既然必须待在一个地方一直写下去，我不打算站起来、停下来或者去问别人；我只是想做出最佳猜测，接着在其下面画一横线，然后继续写下去。一会儿我会回来将其改正的。”我们继续往下写，添加了“最奇怪的事情发生了。”我们继续当着全体学生的面儿写，又写了大约一个句子，并示范了几次如何对不确定如何拼写的词做最佳猜测——即先把我们听到的音写下来，接着在我们想写的词下面画一横线，然后继续写下去。

这次“写作训练场”练习，我们写的是与生活有关的事情。我们没有挖空心思地把不确定如何拼写的词拼写出来，没有停下我们的“写作流”去问别人如何拼写某个词，而是先对那些词的拼写做最佳尝试，然后，如果我们认为自己拼错了，就在下面画一横线。在开学第一天，关于这一基础课，讲这么多就已经够学生们理解领会了。

在向学生示范了 4 分钟如何写作之后，我们发给他们一些空白纸张。虽然此时我们不是在启动“写作训练场”这一任务，但我们还是让学生在教室里找到地方坐下来后再写。对于那些不在桌子边坐着写的，我们给他们发了一个笔记板。学生们写的是发生在昨天、今天或者这个刚过去的夏天里的事情，遇到不确定如何拼写的词时，就在下面画一横线。我们还会在这个星期稍后的某个时间，向学生介绍如何利用笔记本进行写作和如何跟进草稿等等。我们把学生第一次写出来的东西作为最初的写作评估材料和样本保存起来。同样，这堂课和练习时间一结束，我们就让学生们放松一下身心。我们想让你们记住，让大脑时不时地得以休息这一做法非常棒。在开学第一天，我们大家都很累，当我们让学生集中精力关注教室里的一步步程序和学习活动时，如果他们的大脑得到了充分休息，他们做起事情来便会更成功。

在学生们身心都得到休息之后，我们该考虑将"每天阅读五项"里的"读给自己听"这一任务再练习一轮了。在开学初的时日里，我们或许有时间将这一任务每天练习三到五次，以此培养学生的耐性和他们对可期待行为的肌肉记忆。我们又开始密切注意是否有"晴雨表学生"出现；一发现学生有焦躁不安的行为，我们就立即让全体学生停下来，即使练习活动才刚刚开始几分钟。

在开学第一天的这个时刻，无疑我们已经完成了很多工作！我们已经将下列内容教给了学生：

- 阅读一本书的三种方式
- 如何选择适合自己的图书和"**我挑选**"
- 在我不知道如何拼写的词下面画一横线

在学生练习完"读给自己听"之后，我们继续推进自己的工作，再次看了看"每天阅读五项"的基础课列表。由于我们选择过"读给自己听"和"写作训练场"的基础课，现在我们从"读给别人听"的诸多基础课中选了一种（参见附录 D）。

“读给别人听”之基础课

- 检查自己是否明白
- 肘连肘，膝对膝
- 声音音量
- 同伴之间如何读给对方听
- 如何开始？
- 训练还是计时？
- 如何选择同伴

一般情况下，第一堂“读给别人听”的基础课正好是我们一直关注的“理解、准确、流畅暨词汇扩展”菜单里的“检查自己是否明白”这一策略。学生们在我们讲授“阅读一本书的三种方式”的那天上午听到和看到的首样东西，就是我们向他们示范的这一策略。当我们在“读给别人听”的基础课上再一次展示“检查自己是否明白”这一策略时，我们大声朗读了另一部绘本。在朗读这本绘本期间，我们指着“理解、准确、流畅暨词汇扩展”菜单的布告栏（波什、莫瑟，2009），把“检查自己是否明白”这一策略写在一张卡片上，然后把卡片贴在布告栏里。我们甚至让有些学生在小组内部对这一策略进行了尝试。我们用这堂基础课来示范如何时不时地停下来“检查自己是否明白”。在上这堂基础课期间，有些学生当着全体学生的面儿不停地打断绘本朗读，他们在向全班学生示范或者与同伴一起练习“检查自己是否明白”这一策略。

我们介绍“检查自己是否明白”这一策略的最后一步，是告诉学生在这一学年里每次做“读给别人听”这一任务时都要用到这一策略。在运用这一策略的时候，同伴之间要轮流大声朗读。在一人读完之后，同伴要以“谁做了什么事情”的模式重复他刚听到的内容，以此检查自己是否明白。我们想让学生在“读给别人听”的基础课上练习“检查自己是否明白”这一策略，所以当学生还待在集合处的时候就让他们结成对子，然后我们继续大声朗读。我们时不时地停止朗读。我们第一次停下来的时候，让每对学生中的一人检查自己是否明白，而此时其同伴监听着，并在必要的时候提供支持。我们第二次停止阅读以检查自己是否明白时，同伴之间互换一下角色，这样另一名学生也有机会检查自己是否明白。

如果此时读写板块还有剩余时间，我们会让学生再放松一次身心，然后利用“听有声读物”或“词汇学习”部分的基础课来上一堂简短的课。（第六章将详细描述这些基础课）

“听有声读物”之基础课

- 启动技术设备
- 聆听朗读并借助文本跟进音频播放
- 设备数量有限，使用时学生之间需公平、平等

“词汇学习”之基础课

- 收集和清理材料
- 选择要用到的材料
- 成功选择场所

“听有声读物”和“词汇学习”都包括如何使用材料。无论我们教的学生多大年龄，我们从来不替学生配备和收拾材料。在开学第一天，我们就开始跟学生说，期望他们怎么配备和整理这些材料，所以他们很快就能独立使用一整天里要用到的所有材料。

我们为“词汇学习”材料设立的标准是：它们必须是免费的或者价格

不贵！我们在学年初使用的材料和学年末使用的材料是一样的；在这一年当中，我们尽量不引进新材料。我们希望这些材料被当作工具，全面用于“拼装词汇”这一动觉行动，以使有关词汇能固定在学生的长期记忆里。如果我们继续向“词汇学习”添加新材料，我们必定要经历探索过程，这样做不仅会减损宝贵的学习时间，也会营造出一种较多关注某些材料本身，却不甚关注为何使用这些材料的环境。

在讲授“词汇学习”部分的第一种基础课时，我们把用于这一任务的五种材料从材料供应区的储藏处一一取出—— 白板、磁铁字母、豆粒/贝壳、装在瓶盖里的黏土和邮票。

我们简单解释了这些材料储藏在何处、学生们可以使用这些材料的场所以及如何迅速、安静地将这些材料收拾好。然后，我们每次选出五名学生组成一个小组，并让每组学生走到“词汇学习”材料储藏区。这五名学生向全班学生示范如何为“词汇学习”这一任务搜寻材料，如何把搜寻到的材料带到各种学习空间，如地板上的某处、靠近文字墙的地方、桌子边等等。一旦选好学习空间，学生们只需把这些材料取出来，重新包好，返还回去。在第一次练习的时候，我们甚至都没告诉他们要利用这些材料来学习哪些词。相反，我们的注意力放在配备材料、准确快速地清理材料以及用完之后将材料收拾好这些行为上。

在开学前，我们总是把使用这些材料的程序仔仔细细想一遍。这样我们就可以在上基础课时清楚地把我们期望在一学年内看到的景象教给学生（正确及时地整理材料、在正确的场所使用这些材料等等）。这些行为将深深地印进学生的脑海里。如果我们在开学前几天教给学生什么东西，我们总是想确定在接下来的时间里，我们教给他们的东西会产生预期的结果。“学年初，印象深”，如果想要在学年中再教给学生什么东西，那就非常有挑战性。就像小鸭子一出壳就会对它见到的生物有依恋感一样，学生们密切遵守他们在学年初学到的教室活动程序！我们也明白，重复观看别人做一项任务和自己重复做一项任务对培养学生的肌肉记忆来说是非常必要的。

这一章描述的是在开学第一天我们启动“读给自己听”这一任务时要讲授的各种基础课。第六章将描述在介绍下一项“任务”之前我们要讲授的其他基础课。

第六章　各种基础课

改变的秘密不是将你所有的力量集中于同旧事物做斗争，而是将其集中于创建新事物。

——苏格拉底

启动“读给自己听”这一任务的第二天与第一天极其相似。我们继续致力于培养学生的耐性和训练他们的肌肉记忆。我们先复习昨天学过的“读给自己听”和“阅读一本书的三种方式”。对“阅读一本书的三种方式”的复习一结束，就该把注意力集中于“读给自己听”了。我们每天都花时间复习一下“独立能力图”，因为它们将指导学生在这一整年内的学习活动。我们把前一天全体学生提出并改良过的每一项都读了一遍，然后暂停了足够久的时间，以便让学生将其刻画在脑海里。

当学生完成了“读给自己听”的耐性培养时，我们的读写板块教学还没有结束，所以我们从“每天阅读五项”这一项目的每项任务中选取基础课来讲授。我们是在启动某项任务之前讲授其基础课，这就是为什么启动“读给自己听”这一任务如此重要并且与启动另一项任务（即“写作训练场”）不同。在启动“读给自己听”时，我们在讲授这一任务所要求的各种行为的同时，也讲授其他各项“任务”的基础课。实质上，我们是一边制造飞机一边驾驭飞翔。

这一章将专门描述这些基础课，其结构安排以“每项”任务为中心来组织。附录 B 到 F 的长度皆为单页面，是本专著作者提供给大家的关于每项“任务”的指导，以便为大家启动“每天阅读五项”的每一个任务提供支持。这一章是参考性章节，此处提供的信息在这本专著的其他地方也可以找到，包括各附录。我们不会在同一天把这些基础课全部讲授完，也不会按照此处展示的顺序来讲授。具体怎么操作，你们要考虑一下学生的基本情况以及他们的直接需求，还要考虑下一步要介绍“每天阅读五项”的哪一个组件。这些因素将决定你们讲授和复习这些基础课的顺序。

“读给自己听”之基础课（参见附录 B）

■阅读一本书的三种方式（参见第五章，第 82 页）

■**我挑选**适合自己的图书（参见第五章，第 88 页）

■成功选择场所

成功选择场所

在学生为参与运行某项“任务”而选择地方坐下来之前，我们给他们上了一堂关于“如何选择可以使自己成功参与活动的场所”的焦点课。等到我们开始讨论的时候，在学生们参与“读给自己听”这一任务的这几天里，我们已经帮助学生尝试了教室里的各个地方。

“这几天我们都在练习和培养耐性，我一直在为你们挑地方，让你们尝试教室里的各个角落。现在你们也试过了好多地方，你们应该知道自己坐在哪里才能保持耐性，获得成功。今天你们需要确定一个你们认为最适合自己阅读的地方。在挑选地方的时候，你们会考虑什么？”

由于学生们每天都参加练习活动，已经感觉到各处学习空间的不同，他们会提出如下的考虑内容：

- 坐在椅子上或地板上，只要我们能肘连肘，膝对膝（参见 113 页）
- 坐在离其他同学最少一臂之远的地方
- 留出便于老师与我们交谈的地方
- 如果可能，转动一下身体，这样我们的语声便不会直冲身边的学生
- 选择一个既舒适又可以使我们培养耐性的地方

我们一起把独立能力图制好之后，就立即放手让学生在教室里找地方。放手让学生找地方的时候，如果错开时间，便可以避免踩踏和确保练习时间能平稳有序地开始。一轮运行一结束（由学生的耐性决定），我们便叩

响风铃，把学生召回集合处，一起反思，看一看是否需要向“读给自己听”的“图”添加点儿能使任务更好地运行的东西。

“写作训练场”之基础课（参见附录 C）

■在你不确定如何拼写的词下面画一横线，然后继续（参见第五章第 99 页）

■备好一个笔记本

■选择想写的东西

备好一个笔记本

我们已经尝试过你们可以想象得到的各种笔记本，并且现在正在试着教学生如何使用它们：螺旋笔记本、小螺旋笔记本、三孔笔记本、胶粘笔记本，昂贵的、便宜的、带格子的、空白的，各种笔记本。关于这一点，我们认为拉尔夫·弗莱彻总结得最好：“说起笔记本，作家用的只是一个空白的笔记本，但是有了这些白页，你就获得了写作与生活的强大工具。”（1996, 7）

我们选定了自己可以管理并且可以教会学生如何管理的笔记本。对于我们来说，散装的纸张很难组织，但我们可以对写在螺旋笔记本或者作文本里的东西进行管理。学年伊始之际，我们为全体学生备好了这种笔记本，或者，如果可能的话，我们把笔记本这一项填进学生日用品名单里。我们向学生解释：每天，在运行“每天阅读五项”的时候，我们都要写点什么；学生要把自己写的东西保存到笔记本里；在笔记本里，他们可以使用单词、短语、问题、图片或者名单来捕捉自己的思维，表达自己的思想。既然笔记本是高度个人化的东西，学生可以在封面上写上自己的名字并找一些画儿照着画上，把从杂志里剪下来的东西贴入其中，或者从家里把自己想写的一些图画夹在笔记本里带到学校。我们把每名学生的笔记本的前面三到五页上端的一角剪掉。这样，关于学生所思考的事物的名单便可以清楚展现出来；关于这一点，我们将在下一节描述。

选择想写的东西

我们通过写作来理解生活。

——史蒂夫·布洛斯

产生灵感是写作过程中最难的部分。当谈到讲解、示范和巩固“寻找灵感和选择话题”这一任务时，我们向学生讲了尼尔·盖曼（1997）是怎么做的：“我把灵感编造出来。用我的头脑。”我们可以把“面对一张白纸”这一复杂任务和“想一想”这一策略结合起来。我们称之为“想一想”的这堂课会帮助学生跨过那张白纸关，想出一个写作话题来。

这堂课听起来如下所述：“同学们，当我们试着找出写作灵感时，要先注意一下自己头脑里已有的想法，然后运用所谓的‘想一想’策略。”

“这一策略非常重要，因为它使你的大脑开始思考头脑里已有的想法。你一拥有想法，就思考一下，这一想法便会变成你要写的东西。例如，就在刚才，我注意到我头脑里有的想法是爱犬‘塔娜’。笔记本的前面几页是用来记录我们写作思路的；我要在作家笔记本这个地方写一个标题。”我们在第一页的顶部写下“要写的东西”，然后接着讲课。“因为我在思考爱犬的事情，我就要把‘塔娜’写在这里，但是我要写的并不是就这么一丁点儿。我要想一想这个话题并简单记下我与塔娜一起做的所有事情。”如果我们使用的是实物投影机，我们会在笔记本的第一页上示范如何运用“想一想”这一策略。

塔娜：

走过小径

给她洗澡

教给她一些把戏

“现在，我思考了片刻，注意到塔娜并不是我头脑里唯一的想法。‘午餐’也在我的头脑里。我又要运用‘想一想’策略，并且我要在笔记本上写下了：

午餐：

我的新饭盒

我午餐吃的是什么

明天的热午餐我要吃什么

准备午餐时我最喜欢放进饭盒的东西。”

“现在，我想让你们静静地想一想，看一下头脑里有什么想法。”此刻，我们有两种选择；我们选择做什么，取决于全体学生或者某个小组里的一些学生的具体情况。如果他们是一个高度听觉型小组，有益的做法是让他们转过身去跟同伴交谈，每人都描述一下自己头脑里的想法。如果你们认为你们的学生不需要转过身去和同伴交谈，可以直接进入下一步：

“翻到笔记本的头几页，就像我这样写下你头脑里的想法。”对年龄很小的学生和专门来此学习英语语言的学生，我们也使用这一策略；不同之处是，向这两个群体示范的时候我们使用的是图片，或者是将图片与文字相结合。

“现在，想一想你们头脑里有什么想法，就像我想到塔娜和午餐时一样。关于你们头脑里的话题，有没有其他想法？把你们的想法写下来，就像我刚才这么做。

“转向你身边的伙伴，读出你的想法以及你在‘想一想’之后写下的东西。”我们让学生与伙伴相互分享，这样做经常使学生对自己想写什么有更多的想法。

我们将这一过程继续了几分钟。然后如此结束这一堂课：“在这一整学年里，我们将继续向‘想写的东西’页面里添加内容。有时候，你们一走进教室就跟别人谈论自家发生的事情。我们所有人应该记住并帮助别人记住：要养成习惯，把发生的事情记在笔记本的‘想写的东西’页面里，也把对之进行的思考记录下来。这么做的好处是，如果你在参加‘每天阅读五项’的‘写作训练场’这一任务时面对的是一张白纸，并且不确定自己要写什么，就可以翻到这些页面，看一看已经写下的所有想法，这样你一直会有东西可写！”

“读给别人听”之基础课 （参见附录 D）

- 肘连肘，膝对膝
- 音量水平
- 检查自己是否明白
- 同伴们怎么朗读
- 如何开始
- 指导还是时间[1]
- 如何选择同伴

肘连肘，膝对膝

“肘连肘，膝对膝”的意思是指学生结成对子一起参与活动时我们让他们就座的方式。让学生这样坐，可以使两名学生共看一本书时，可以低声说话，相互帮助理解内容，因为两个人可以一起翻书看书。

在小学各年级的教室里，这一基础课听起来如下所述：“在我们做头脑风暴去想‘读给别人听’时的可取行为之前，我们需要学习几个当好阅读伙伴的小技巧。你们知道的，我妹妹不喜欢蜘蛛。你们猜猜看，当她看到一只蜘蛛时，她会说什么、做什么？”

1　原文是 Coaching or Time，具体内容见第 119–122 页。——编注

“我会尖叫，所以我确定她会尖叫！”乔莉回答道。

“她肯定会的。她说‘肘连肘，膝对膝！’那么你们知道她做了什么吗？她向我挪过来，非常靠近我。她就坐在我身边，她的胳膊肘差一点触碰到我的胳膊肘，她的膝盖差一点触碰到我的膝盖。乔莉，你能过来坐在这上面，然后假装你是我那个看见了蜘蛛的妹妹吗？”乔莉和我坐在地板上，或椅子上，彼此靠近，因而她的一个胳膊肘靠近我的一个胳膊肘，她的一只膝盖靠近我的一只膝盖，差一点儿触碰到一起。然后，乔莉和我把一本书置于我们中间，她拿着书的一端，我拿着书的另一端。这堂基础课的剩下部分将在下一节“轻言细语”里描述。

在我们中等年级或者初中各班级的教室里，我们分享了什么是“肘连肘，膝对膝”，并讨论了同伴之间膝盖靠近膝盖、胳膊肘靠近胳膊肘地坐在一起的目的，然后我们略去了关于蜘蛛的故事，仅向学生示范了肘连肘，膝对膝。

轻声细语

在示范了同伴之间怎么拿书之后，我们讨论了说话音量问题。“你们看到了吗？这样坐着时我们两个分享一本书有多么简单！听一听我们这么近地坐在一起时说话声可以多么安静。”我开始用非常轻的声音读给乔莉听。“乔莉，虽然我在用非常轻的声音读给你听，你能听到吗？”我朗读时声音太低影响了她的反应，一向爱热闹、善表达的乔莉只是点了点头。“加勒特，你坐得离我们最远。在我读给乔莉听的时候你能听见我的声音吗？”

他回答道：“不能。”

“当我们使用了只有同伴能听到的声音时，我们使用的是私密说话声。当我们想让同伴听见但又不想分散周围努力学习的人的注意力时便使用私密说话声。”

迈克尔·格林德勒（1995）的研究使我们明白，教室里最响的说话声决定着噪音水平。因此，在我们向学生展示如何读给别人听时，我们有意示范了非常轻的声音。在我们示范最可取行为和最不可取行为时，也强调了这一期望。

在这一整学年里，我们继续控制自己的说话声水平。与学生们交谈和对一小组学生进行指导时，我们小心地使自己轻声细语。我们几乎从未使自己的语声成为教室里最响的声音。

检查自己是否明白

我们在开学第一天就向学生介绍了这一策略，并在接下来的几周里将其复习了多遍。“无论我在何时读给自己听，都会停下来检查一下自己是否理解。这项策略确实帮助我理解了自己所读的内容。我们也将与同伴一起检查各自是否理解。埃米莉和我将展示给你们看这一策略看起来和听起来是怎么回事儿。

“埃米莉，你先开始大声朗读吧。你用眼睛、大脑和语声来阅读，而我只用眼睛和大脑来阅读。你读完第一页的时候停下来，我来检查一下自己是否理解。”

当埃米莉读完了那一页，她停下来，抬起头来。如果我们教的是小学生，我们会举起一枚可视提示物来提示他们检查一下自己是否理解。琼的一名学生的父母用木头为琼的学生们制作了一些“√”状物。（参见图 6.1）盖尔的学生使用的是由 Learning Loft 公司生产的叫作“Check-A-Roo”的塑料提示物。

“检查自己是否明白，就是把你刚读到或听到的内容通过复述总结一下，讲的是‘谁’，说的是‘什么’。你刚读到或者刚听到的内容是关于谁的？发生了什么事情？”我们向学生示范如下：“埃米莉，我刚听你读到在一片森林里住着三只熊，早餐他们想喝粥，但是粥太热了。所以他们决定去散步，让粥在他们散步的时候凉下来。”

图 6.1 结成对子的学生可以用“√”来提示自己检查一下自己是否理解

埃米莉明示这是正确的。“现在，同学们，埃米莉和我要互换一下工作。我用眼睛、大脑和声音来阅读；而埃米莉只用眼睛和大脑来阅读，并准备好检查自己是否明白。”我把“√”状物递给埃米莉，在我读完下一页之后，她检查自己是否能重述我所读部分里的“谁”和“什么”。我们再一次互换了角色，但这次我没有正确总结出她所读内容的要点。埃米莉回应道：“这不是我所读的内容。”

我们向全体学生解释道：“埃米莉告诉我，我没有理解和记住她刚读的内容。当这种情况发生时，她需把那一页重读一遍，以帮助我更好地理解。这次我会非常认真地听，尽力记住她刚读过的内容，这样我才能检查自己是否明白。”埃米莉把那一页重读了一遍，这次我总结对了。

展示完毕之后，我们让学生们告诉身边的同伴，当朗读者在朗读时聆听者的工作是什么。

年龄大一些的学生也要检查自己是否明白，但他们也许需要也许不需要手持一枚“√”状有形提示物。年龄大一些的学生在做“读给别人听”这一任务时，有很多人使用分章节故事书，我们经常先示范在每段读完之后检查自己是否明白，然后逐渐培养学生的技能，这样他们能在一整页读完之后检查自己是否明白。

同伴们怎么朗读

同伴们一起做“读给别人听”这一任务时有多种选择：

同一本书：

■ *我读，你也读。*一名学生朗读一段或一页，然后由其同伴朗读下一段或下一页。这一策略的一个变化是让一名学生朗读一段，然后由其同伴朗读同一段。当我们致力于流利程度时，第二种策略特别有用。读得较流利的人先读。这样做可以使读得欠流利的人在开始朗读之前将对方的快慢、语调和正确读音作为样板来听。

■ *齐声朗读。*同伴们同时朗读一本书的同一章节。如果已结为同伴的两名学生再与另一名比他们读得稍好一点的学生结伴的话，齐声朗读是支持这对受到挑战的同伴的有用的策略。

不同的书：

■ *我读，你也读。*每名学生手持适合自己的图书，朗读的也是此书。一名学生在自己要朗读的地方放一枚书签，或者把拇指放在那一页。他把注意力集中于同伴的书上，聆听同伴朗读，一起朗读，并检查自己是否明白。一轮朗读结束之后，同伴之间交换一下角色。这种做法似乎令人费解，

图 6.2
两名学生在做"读给别人听"这一任务

但是一般情况下学生们都驾驭得很好；并且，因为与人为善、相互支持和相互尊重的文化已经很好地建立起来，如果两本书在难易程度上有所不同也无关紧要。（图 6.2）

如何开始

学生们有时候很难就分享哪一文本或者谁先开始达成一致意见。为了使他们尽快做好这一决定，我们教给他们几种策略，这样他们就可以马上开始：

- *讲礼貌。*一名学生只需说："你先开始，好吗？"同伴回答："好的。谢谢！"
- *我们成交吧。*当两名学生都想朗读自己最喜欢的书时，其中一人马上说："我们先一起读你的书，然后再一起读我的怎么样？"
- *石头、剪刀、布。*赢者选择先读哪本书或者谁先读。此时，需讲清楚的重要事情是，最好是一局定输赢，而不是三局或五局定输赢，这样学生们就不会因为反复玩这一游戏而分心。

- 幼者优先。根据生日决定谁是幼者。幼者选择读什么书，并且先读。
- 按字母排序。两名学生都看一看自己名字的第一个字母。在字母表里先出现的那一名选择读什么书，并且先读。

指导还是时间？

同伴一起阅读的时候，当一人暂停下来时，同伴可以立即给他提词。我们给他们上了一堂课，讲讲关于如何做一名有益的阅读教练，把这种过于急切的助人行动扼死在萌芽状态。

“你们当中有多少人参加过足球、棒球、篮球或者其他比赛？”很多学生举起了手。“在参加比赛的时候，你们是在谁的帮助下知道该怎么做？”

全体学生异口同声地说：“教练！”

“是的，教练是这样一个人，在你需要帮助的时候他会给你帮助，告诉你‘你可以这么做’，并给予你支持。今天，我们要学一点关于怎么当阅读教练的知识。如果你曾与同伴一起阅读过并遇到过不认识的词，请竖起大拇指。”

西拉是我们教室里不愿阅读的人，她说：“有时候同伴直接把那个词告诉我，即使我正试着自己琢磨出来。”

“其他人也遇到过同样的事情吗？”学生们都急切地点点头。“你们当中有多少人希望同伴给你们机会让你们试着用策略自己琢磨出来？”他们又同意地点点头。

“但是，有时候当我真卡在一个词上时，我非常喜欢同伴来帮我。”马修主动说。

“马修，这一点很好。帮助别人的诀窍是分清对方是需要帮助还是想自己把某件事做好。想一想你们参加体育比赛例如打棒球的时候。有时候，教练会走到你身后来真正帮助你，向你展示怎么握球拍和怎么挥动球拍击球。在另一些时候，教练也许只是鼓励你，根本不走过来帮助你。阅读的情形与此类似。有时候，当你卡在一个词上时，你想试着自己琢磨出来。在另一些时候，你想要一条线索或一点暗示来帮助自己琢磨出来。此时，好的阅读教练不会贸然说出那个词，因为这样做不会有助于他的同伴成为一个更好的读者。

“这就是棒教练的真实样子。”我们开始创建一份新的图，并把标题“阅读教练”写在图顶部。

“当同伴遇到他 / 她不认识的词时，你要在心里默默数到三。”在图上我们写下：“默默数到三。”我们向学生展示如何用手指数到三，以此示范数数儿的速度。

“默默数到三之后问一下你同伴：‘你是想要指导还是想要时间？’”我们把这一问题添加到图上。

“如果同伴说‘时间’，你就必须耐心地坐着等。但是在等待的时候，你有一件重要的事情要做。那就是认真看一下那个词，并想一想你是否能想出什么策略帮助同伴把那个词琢磨出来。这么做可以使你在同伴改变主意的时候做好指导他 / 她的准备。”

“如果同伴说‘指导’，你就应该给他提出建议，把你认为对他 / 她最有帮助的策略告诉他 / 她。”

向学生们提供写有“指导建议”的纸张有几种方式。书签、笔记本里的一页纸、纲要图或者“理解、准确、流畅暨词汇扩展”菜单，都可以成为提示物，为教练提供可使用的策略。无论提供什么样的提示物，我们都将其添加到“阅读教练”图上。例如，如果我们提供给学生的是列有“指导小建议”的书签，我们会在图上写明“请参考指导书签”。

“我们练习一下吧。肯尼迪，你来示范，好吗？”我拿起指导书签，让肯尼迪从她的书籍收纳篮里取出一本书，朗读一小部分，然后找到一个她不认识或者假装不认识的词。当她遇到这个她不认识的词时，我们把指导步骤从头到尾过了一遍，自言自语地向班级里的其他学生展示我们将如何帮助肯尼迪。

“噢，肯尼迪卡在一个词上了。我将默默数到三，以便给她一些时间让她自己琢磨出来。”我们默默地数着，心里每数一个数儿，便举起一个手指头。我们非常缓慢地数到三（大约每两秒钟数一个数儿），轻声问：“肯尼迪，你是想要时间还是想要指导？”

肯尼迪说：“时间。”我们继续让全体学生知道我们在想什么。

“肯尼迪想要时间，以便把这个词琢磨出来，但我会看一下这个词和我的指导策略，以便弄清楚如果她改变主意的话，什么样的策略能最好地发挥作用。让我们看一看……” 我们看了一下这个词，并且把所有的策略也看了一遍；等心里有了主意的时候，我们点点头，然后耐心地等待。

当肯尼迪说“我改变主意了。请指导我一下好吗？”的时候，我们已经准备好了。

“好的。这是一个较长的词，但实际上是由两个词拼合在一起构成的。你把它分成两半，然后看一看你是否明白。”

肯尼迪用手指遮住后面一半，读出了第一小块儿，接着读出了第二小块儿，然后兴奋地将两部分拼合到一起。

“同学们，你们注意到了吗？我们的指导帮助肯尼迪自己把这个词琢磨出来了。这就是指导的目标！”

我们让肯尼迪继续朗读，但这次让她立即请求指导，这样我们便可以向学生展示指导看起来是怎么回事儿。当她停下来的时候，我们就示范；不过，这一次，我们没有自言自语。我们扳着手指默默数到三，然后问道：“你是想要指导还是想要时间？”

她说：“指导。”

我们参考了一下纸上写着的指导策略，然后说："肯尼迪，你试过'倒回去重读'这一策略吗？"她说她试过，但不起作用。"好的。先把这个词跳过去然后再返回来看看怎么样？"当她把这个词跳过去时，下面的词给她提供了线索。肯尼迪倒了回去，正确读出这个词，然后继续往下读。

"不直接把某个词告诉我们的朋友，而是以一种有效的策略指导他们，是帮助他们在阅读方面成长起来的最好的方式。"我们重申道。

每一项阅读策略都是单独教给学生的；在其被添加到"理解、准确、流畅暨词汇扩展"菜单的同时，也被添加到指导书签上。随着这一学年逐步深入以及这些策略变成直觉行动，就没必要参考纸上写的指导策略，学生会参考张贴在教室里的"理解、准确、流畅暨词汇扩展"菜单。

如何选择同伴

在启动"读给别人听"这一任务的前几天里，我们已经把学生搭配成伴。然而，因为我们想让学生具备独立能力，所以在他们对"读给别人听"练习了几天之后，我们开始教他们如何自己安静、友好、得当地挑选同伴。

这堂基础课听起来如下所述："同学们，在我们培养耐性和练习'读给别人听'的行为时，我已经为你们配了一名同伴。今天，我们要学习一种自己找同伴的方法。这种方法的了不起之处是，无论你何时需要同伴，它都起作用。所以，不管你需要跟同伴一起参与"读给别人听"这一任务，还是参与一场数学游戏、一次科学实验或者其他活动，你可能想知道如何找到同伴。

"在我们选同伴时，要记住的非常重要的一点是，我们的同伴并不需要总是我们最亲密的朋友。实际上，有时候，最亲密的朋友成不了最佳同伴，因为与最亲密的朋友待在一起时，我们的倾向是问寒问暖，而不是阅读。

当我们经常跟不同的人接触时，我们会发现新的书籍、新的阅读兴趣和新的友谊。

“选择同伴的时间到来时，我们想向全体学生传达的是：我们需要一名同伴，但是如果我们只是大喊‘嘿，我需要一名同伴！’，你们认为接下来会发生什么？”全班学生都咯咯咯地笑了起来。在一学年的这一时刻，他们已经习惯了我们教室里较轻的语调，所以大声叫喊着寻找同伴这种干扰不合时宜，甚至让人觉得不舒服。“是的，很显然，这不是一个好主意！因此，选择同伴时我们要遵循这些步骤。”我们向学生介绍了一种新的纲要图，其标题是“如何找到同伴”；这张图是我们提

图 6.3
五年级的学生在练习选择同伴

前准备好的。在指着图上的每一项并将其念出来的时候，我们稍微解释了一下。

1. 嘴巴紧闭。手举起。（解释："这是一个无声信号，用以表明我们需要一名同伴。"）

2. 安静地走到附近举起手的同学那里。（解释："当附近就有需要同伴的人时，我们不必飞跃整个教室去找同伴。"）

3. 用眼神交流。（解释："直视朋友的眼睛，这表示我已经注意到他/她了。"）（参见图 6.3）

4. 有礼貌地询问。（解释："用肯定的、友好的声音说：'做我的同伴，好吗？'是让人感觉舒服的邀请。"）

5. 同伴微笑一下并回答："好的。谢谢你！"（解释："当同伴微笑一下并回答'好的。谢谢你！'时，这是一种肯定的、让人感觉舒服的回答。"）

"在我们教室里，说话的语调非常重要。玛德琳，你帮我示范一下这一点好吗？我将以几种不同的方式请你做我的同伴，想让你告诉我这些方式感觉起来怎么样。"首先，我们用单调的声音询问，并且脸上也没有微笑。玛德琳评价说这种方式感觉起来不坏但也不是很好。然后，我们皱着眉头，用暴躁的声音询问，好像她是唯一没有同伴的人，并且不是我们选择"读给别人听"这一任务时头脑中考虑的人选。这种方式感觉起来肯定不好。她的回答是："我一点也没有感觉到你真想做我的同伴。"最后，我们微笑着，真诚地问"玛德琳，你做我的同伴好吗？"这种方式达到了目标，因为她说："现在我感觉你想与我一起阅读，我也真想和你一起阅读。非常抱歉，刚才我们只是假装在找同伴！"

"同学们，"我们继续道，"这就是我们一直想让同伴拥有的感觉——

我们确实因为能与他们一起阅读而感到激动，因为那样的话，他们也会因为能与我们一起阅读而感到激动！”

然后，我们让学生每次六人左右组成小组对选择同伴进行练习，直到教室里的每名学生都有练习机会。我们的目的性很强，给教室里的每名学生一次做示范的机会，让他 / 她举起手、与同伴进行眼神接触、走到同伴身边、邀请对方做自己的同伴以及用动听的语调答复对方的邀请。对我们这里那些害羞的学生来说，这种做法可能有挑战性；我们密切观察了几天，以期发现他们是否需要支持。他们在有了几次正面互动之后，便准备好了自己选择同伴。

“听有声读物”之基础课（参见附录 E）

- 启动技术设备，恢复初始状态
- 聆听朗读并借助文本跟进音频播放
- 设备数量有限，使用时学生之间需公平、平等

启动技术设备，恢复初始状态

听力设备如电脑、笔记本电脑、CD 播放器和录音机等都需要一定的启动过程。在使用完毕后，这些设备需要被恢复至初始状态，以供下一位用户使用。许多教师获取了因特网上的故事，所以载入这些网址或者安装好这些网络的应用软件可以使学生顺利开始“听有声读物”这一任务。你们一定要花点时间明确教给学生并向他们示范你们为“听有声读物”所配备的每种设备的启动和恢复初始状态过程。在学生自己尝试之前，让他们在你们的监督下练习。

图 6.4
一学生在用平板电脑听有声书

聆听朗读并借助文本跟进音频播放

我们让学生一边听故事一边眼手并用，或者单用眼、手，借助着文本跟进音频播放。无论他们是在对照着书本听录音机，还是边听故事边跟进电脑屏幕上突出显示的词汇，我们向他们提示在他们收听的所有故事里都会出现的词汇。

学生公平、平等地使用听力设备

对于“聆听有声读物”这一任务，我们使用的是电脑或具备有声播放功能的电子阅读器。（图 6.4）因为我们的设备数量有限，我们用学生人数除以设备数量，创建出分享每台设备的学生名单。我们教给学生他们听完了故事以后应把设备返回到主屏幕，然后把设备传给名单上的下一个人。他们一完成“聆听有声读物”这一任务并把设备传给别人，就转入“读给自己听”这一任务。

“词汇学习”之基础课（参见附录 F）

- 收集和清理材料
- 选择要用到的材料和词汇
- 成功选择场所

收集和清理材料

花点时间向学生们介绍他们可用来运行“词汇学习”这一任务的所有

图 6.5
这里的词汇收集处是为了让学生有条不紊地展示学到的词汇

材料，并告诉他们这些材料储存在教室里的什么地方。向学生们示范如何收集并正确使用这些材料以及使用完之后如何将其归还到正确的地方；然后让学生来练习这些过程。

选择要用到的材料和词汇

一件很重要的事情就是告诉学生并不是所有的材料都会被用到。鼓励学生在使用材料时思考一下，以便决定哪些材料能真正帮助他们记住自己正在练习的词汇。有些学生也许发现，一边念叨着组成某个词的字母，一边反复把这个词写在白板上，最后再读一下，能帮助他们认识这个词；然而，使用磁铁字母是很有趣，但是不能获得我们所期望的技能——记住这些词。

你们得选定学生要练习的词汇，将结果告诉他们，并告诉他们到哪里去找马上就要练习的词汇。对于那些需要努力学习词汇的学生，你们需要向他们示范如何在词汇墙附近或者班级词汇收集处收集到他们需要的材料，以便对常用的一看即懂的词汇或者班级词汇进行练习。（图 6.5）对于其他学生来说，你们需要向他们示范如何使用在他们所写的东西中那些被拼错的词。

成功选择场所

与“读给自己听”这一任务相同，在运行“词汇学习”时，我们需要教给学生如何找到他们和其他人都能成功参与活动的场所。一旦学生在启动“读给自己听”时学习了这项技能，你们此时只需要复习一下“独立能力图”里的内容，并把学生的注意力引向他们已经拥有的为“读给自己听”选择场所的技能。然后，把必需的各种行为添加到与“词汇学习”这一任务有关的“独立能力图”中。我们发现，与这两项任务有关的各种行为还真的是一样的。

在本书中，我们花了相当多的时间集中描述各种基础课。有了这些基础课，我们就可以提前将各种行为教给学生，这样便为顺利、简捷地启动下一章要介绍的每项“任务”铺好了道路。

第七章　何时启动下一项“任务”

不要等到特殊日子才去做事情。你生命中的每一天都是特殊的日子。

——托马斯·斯潘塞·蒙森

“读给自己听”这一任务启动了，学生们每天都在培养耐性。通过每一堂基础课，我们把其余各项任务所需要的技能都成功添加到学生要学习的内容里。我们如何才能知道何时该启动下一项“任务”？

在参与“读给自己听”这一任务时，当学生展示出独立能力并且其耐性有所增强的时候，我们就向他们介绍下一项“选择”。我们密切注意他们是否能持续展示出“独立能力图”里载明的各种行为，以及他们保持耐性的时间长度是否与其年龄大致相当。

- 中间年级学生：保持耐性 12 至 14 分钟
- 小学生：保持耐性 10 至 12 分钟
- 幼儿园的学生：保持耐性 7 至 8 分钟

当我们把保持耐性的时间长度作为介绍下一项任务的标记时，我们可以用曲线图记录下学生在每次练习时能独立阅读的时间，以考察整个班级的耐性增长情况。当我们把每天学生保持耐性的分钟数用曲线图记录下来时，他们保持耐性的状况便一目了然，因而也更加直观。（表 3.7）

虽然我们在上文提出了标准（即持续展示“独立能力图”里的各种行为及其相应的耐性度），但是“每天阅读五项”这一项目是很灵活的，记住这一点非常重要。这里并非只有一条正确的道路，你们也不应该觉得必须严格遵守我们提供的关于耐性保持时间长短的指导原则。

当你们把下一项“选择”加进来时，请记住：每一年，每一个班级都是不同的。在有些年份里，全班学生仅用四天时间就表明他们已经为启动下一项任务做好了准备。但是，也有一些年份，学生花了十三天时间来练习，直到我们感觉他们做好了准备。因此，在运行“每天阅读五项”时，我们总是默念下面的话来激励自己：“不要担忧去年的班级表现如何，也不要担忧同伴所教的平行班级表现如何。我们只需考虑眼下的这个班级。当前他们能够做什么？他们最需要什么？要记住：他们正倾其所有地给予我们。”

一旦学生参与“读给自己听”时的耐性保持时间达到了我们要求的分钟数，我们就准备在第二天启动“写作训练场”。就像在本专著第一章提过的那样，我们把“写作训练场”而不是“读给别人听”作为“每天阅读五项”的第二选项（在本专著第一版里，我们曾把“读给别人听”作为第二选项）。“写作训练场”非常重要，我们想尽快运行。

启动“写作训练场”

“每天阅读五项”的写作课程为学生提供了更加充裕的练习时间，让他们有机会成为熟练的写手。这样做每天学生都有写作时间，学生的选择权也发挥了重要作用。

写作工坊[1]和“每天阅读五项”里的“写作训练场”不一样。在写作工坊时段，我们也许根据正在学习的那一单元的内容，向学生讲授他们必须学会的某种特定类型的写作。学生们经常利用“每天阅读五项”里的“写作训练场”时间继续他们在参与写作工作室活动时的学习，但并不总是这样。他们充分享有选择的自由，这种自由也是“每天阅读五项”的一部分。正是在学生可以自由选择的时候他们才可以持续从事自己喜欢的任何形式的写作活动。下文所述便是一些例子：

- 劝说性写作，说服朋友读一读自己最喜欢的书或者看一场正热映的电影
- 给同班同学、笔友或亲戚写一封亲密的书信
- 描述和叙述个人经历，如掉了一颗牙、全家一起度过的假期或者失去了一只心爱的宠物

1　写作工坊（Writing Workshop），是哥伦比亚大学从几位创新老师的教学经验当中总结形成的一套读写课程。原意旨在培养有终生写作习惯和能力的作家，后来也广泛应用到中小学教学里。——编注

- 关于当下大家最感兴趣的话题的报告
- 音乐和诗歌
- 程式化写作

在我们启动“写作训练场”那一天，我们先复习了与“读给自己听”有关的“独立能力图”，并培养了学生参与“读给自己听”时的耐性。这项任务做好之后，我们非常激动地告诉全体学生今天我们要增添一项新的“任务”，即“写作训练场”。

如同以往，我们先为“每天阅读五项”的这一元素定下目标。“今天是我们开始参与‘写作训练场’的第一天。今后，我们每天都要参与‘写作训练场’这一任务。(参见第三章“教授与学习独立的十个步骤”的第一步。) 请你们转过身去跟身边的同伴谈一谈为什么你认为‘写作训练场’很重要。”到我们向全班学生介绍“写作训练场”时，许多学生会看出“读给自己听”和“写作训练场”两者的期望之间的联系。他们最终的谈话听起来如下所述:

“关于‘每天都写点东西为什么很重要’，谁想跟我们分享一下你的同伴是怎么说的？”

斯科特：“玛德琳说，因为这是能使我们更好地写作的最佳方式。”斯科特边说边看了一眼悬挂在集合处的“独立能力图”。他已经在“读给自己听”和“写作训练场”之间搭建起了联系，即两者之间存在迫切感。

乔莉：“马克说，因为有趣所以我们每天都写作。”

为了设定目标和创造迫切感，我们向为“写作训练场”新制作的“独立能力图”添加了为什么要做这一任务的原因。(图 7.1)(参见第三章“教授与学习独立的十个步骤”的第二步)

接着，我们召集全体学生头脑风暴，讨论哪些行为是独立写作时的可取行为。

因为类似的启动活动在做“读给自己听”时已经开展过，学生对独立

图 7.1
与“写作训练场”有关的“独立能力图”和与“读给自己听”有关的“图”相似

写作训练是怎么回事儿已有所了解。全班学生经常会迅速、清楚地说出自己独立写作时会展示出的行为，我们就把他们说出的行为填到“独立能力图”里。如果学生没有主动说出我们要他们做的行为（参见图 7.1 里的“独立能力图”样本），我们就通过复习与“读给自己听”有关的“图”引导出他们的想法，或者直接把符合期望的行为列出来。在填写“独立能力图”里教师那一侧的内容时，每添一条，学生都交口称赞，对此我们非常激动。他们明白我们会积极投入地教他们的，或者跟他们单独交谈，或者对一小组一小组的学生进行指导。（参见“教授与学习独立的十个步骤”的第三步）

“现在，谁能向我们展示一下如何正确地开始‘写作训练场’？”我们看着一两名学生拿起书籍收纳篮（里面装着他们写作时用的笔记本），在附近找到地方坐下，然后在全班学生面前示范如何独立地写作。在他们示范的时候，我们指着“独立能力图”上的每一项，用一个问题来检查他们是否具备独立能力：“同学们，如果 _____ 继续这么做，他 / 她能更好地

写作吗？”（参见“教授与学习独立的十个步骤”的第四步）

展示完符合期望的行为之后，我们请一名志愿者展示不符合期望的行为。这一次，我们挑选的是我们怀疑在参与“写作训练场”时难以专心致志的一名学生。展示时，他做着傻里傻气的行为、削铅笔并把宝贵的写作时间浪费掉；我们指着“独立能力图”，以下面的问题结束他的展示：“同学们，如果 _____ 继续这么做，他/她能更好地写作吗？”既然答案是“不能”，并且我们想让每一名学生都记住成功参加学习活动时看起来真正是什么样子，就让同一名学生转而示范正确的行为。他在重新训练自己的肌肉记忆，展示需要怎么做才能更好地写作，并提高对自己行为的责任感。（参见“教授与学习独立的十个步骤”的第五步）

现在是时候让每名学生都练习一下了。在启动“写作训练场”的前几天里，我们就像启动“读给自己听”时一样让学生在教室各处坐好。我们以四五名学生为一组来念他们的名字；在他们找到自己的书籍收纳篮（里面装着写作时要用的笔记本和钢笔/铅笔）后，我们向他们指示了可以坐下来写作的不同地方。到了一学年的这个时候，我们非常清楚哪一名学生的耐性和独立能力最强，所以我们先安排那些独立能力最强的学生坐好，把那些耐性最差的学生留在最后 —— 他们的练习时间经常稍短一些。（参见“教授与学习独立的十个步骤”的第六步）

学生们坐好之后立即开始写作；我们站在一边，一直跟踪记录着时间，并密切注意是否有耐性消失的情况出现。一旦有学生开小差并且再也无法快速恢复注意力，我们就发出信号，让学生到集合处汇集，然后复习一下“独立能力图”里的内容，并让他们自我反思一下自己的行为。（参见“教授与学习独立的十个步骤”的第七步和第八步）

我们指着“独立能力图”里的每一条标准，学生便举起一、二、三或者四个手指为自己的表现定级。我们将他们的耐性状况记在耐性图上，并且要在另一次练习开始之前制定好关于耐性保持时间和行为改善的新目标。

一般情况下，我们把全班学生当作一个整体来设定此目标。经常出现的情况是，学生积极性很高，他们想设定的目标在时间上长得不合理，并且他们会大声叫喊："我们能写 20 分钟！"我们会温柔地以跑步时培养耐性的情形来提醒他们 —— 换言之，我们把目标设得小一点才能确保成功。（参见"教授与学习独立的十个步骤"的第九步和第十步。）此刻，年龄大一些的学生也许有足够的耐性把"独立能力图"复习一遍，然后又开始练习。对于年龄小一些的学生来说，此时项目运行可以结束了。在我们启动"读给自己听"时，学生耐性较少这种情况是再正常不过的了。等到我们启动"写作训练场"时，学生已有较多的耐性，可以在较长的时段内投入地写作。

介绍"选择权"

每天，我们继续让学生练习"读给自己听"和"写作训练场"，直到"写作训练场"的耐性增长到的分钟数表明他们已经掌握符合期望的行为。（参见本章开始处的列表）那么，该向他们介绍选择权了。（图 7.2）此时，我

图 7.2
这些学生自己选择了参与"读给自己听"和"写作训练场"这两项任务的顺序

们很容易经不住诱惑，推迟介绍选择权，尤其是当一切进展良好的时候，即全班学生同时参与“读给自己听”，然后又去参与“写作训练场”。这一切看起来是如此有序，我们实在不忍心把这么好的情形搞糟。然而，我们相信，当学生不仅对读什么和写什么有选择，而且对参与这些活动的顺序有选择时，他们会更投入、更积极和更成功。因此，即使在开始的时候，做到不去控制他们的读写选择有些困难，但这么做的收益往往很大。当我们想到我们实际上在放弃控制的时候，就哈哈大笑起来。别忘了，我们已经教会他们独立；我们正在放弃的到底是什么？

如果我们停下来想一想就会明白，当教学进度处于自己的掌控之中时，我们会更积极、更投入和更有成效。我们知道学校对我们工作的期望，也希望学校能放手让我们自己选择完成常规教学任务的顺序及其方法。为什么学生就要有不同的感觉？我们相信，选择权的本质是：知道别人对我们的期望、拥有实现这些期望的技能、别人放手让我们把这些期望予以实现以及为实现这些期望担当责任。这是我们自己所期望的，也是我们想给予学生的。

我们介绍选择权的这一天总是令人振奋的一天。我们的介绍听起来如下文所述：

“同学们，我们为像今天这样的一天感到兴奋。在参与‘读给自己听’和‘写作训练场’时，你们已经学会了如何独立学习。今天，你们将完全自己负责做这两项任务的顺序。你们当中有些人可以选择先参与‘读给自己听’，其他人可以选择先参与‘写作训练场’。你们都知道自己选择每项任务的原因，也知道如何独立学习。我们信任你们会像已经学过的和练习过的那样，在致力于每项选择的时候独立学习。”

丹的眼睛闪烁着，说：“你的意思是你将不再告诉我们怎么做了吗？”

“不，”我们回答，“我们相信你们会做出对自己的大脑和身体都合适的选择。丹，今天你想先做什么？”

"昨天我在写参加足球比赛时我把球射进球门的事情；我本想在当时就完成的，但是时间不够。我可以现在把它写完吗？"

"绝对可以，"我们说："同学们，花几分钟想一想你们想先做'每天阅读五项'里的哪一项。在头脑里想象一下你们在投入地做那项任务时身体看起来、听起来和感觉起来是什么样子。"

此刻，我们抓起"每天阅读五项"登记表。（表 7.3）关于如何使用这一登记表，我们将在下一节里描述。

登记

学生的独立能力和耐性一旦培养起来了，登记的目的就从使学生对自己的行为进行反思转换到回答"今天你参与什么任务了？"这一问题上。阿特韦尔把这称作"'班级现状'交流"（1998, 89）；他解释说，花 3 分钟时间调查一下学生在那一轮项目运行中参与了什么任务，可以使我们的注意力迅速集中于学生的学习上，并且，这 3 分钟花得有价值。每次对学生的练习情况进行登记时，每一名学生的回答都被记录在如表 7.3 所示的表格里。

我们逐个询问学生他们选择先参与哪项任务。当内森说"写作训练场"时，我们就在他名字旁边的框里放上一个"W"。当米歇尔说"读给自己听"时，我们就在她名字旁边的框里放上一个"R"。如果某学生在参与一项任务之后又成功启动了另一项任务，我们就在表格里再添加一项选择；到最后，登记表里将包括以下选择以及它们的代码：

- 读给自己听 = R
- 写作训练场 = W
- 读给别人听 = RS

“每天阅读五项”登记表

姓名												

R= 读给自己听　W= 写作训练场　RS= 读给别人听　L= 听有声读物　WW= 词汇学习

表 7.3　我们用这份登记表跟踪记录学生在一周之内所做的关于“每天阅读五项”的每一项选择

- 听有声读物 = L
- 词汇学习 = WW

所有五项任务一旦都运作起来，在念着学生的名字让他们选择“任务”之前，我们让他们知道接下来我们将对哪个小组或哪名学生进行指导。这样做可以避免发生学生在做好了选择之后又被叫走这种令人沮丧和失望的事情。所以，我们可能会说：“这一轮，我将对马塞尔和斯特拉进行指导。你们两人拿好书籍收纳篮到集合处这里阅读好吗？”

当学生说出自己的选择时，感觉责任感增强了。他们非常认真地对待自己的选择，立刻就开始做任务，并且坚持不懈。

在我们完成了评估工作并且为每名学生确定了目标和策略之后，学生在登记自己的选择时需要把自己的目标和策略报出来。例如，我们号召学生登记的时候，具体情形听起来如下文所示（请注意，此处提到的策略来自《理解、准确、流畅暨词汇扩展》一书（波什、莫瑟，2009））：

“凯蒂？”

“我想做‘读给自己听’这一任务，我的目标是理解，并且想‘检查自己是否明白’。”

“乔纳森？”

“我想做‘读给自己听’，我的目标是准确性，并且我想用‘相互检验’策略。”

“萨米？”

“我想做‘写作训练场’。我的目标是学习写作规范。我想做到每写完一个句子就加上句号。”

为了加快登记过程，我们总是以同样的顺序念学生的名字（乔纳森总是在凯蒂之后，萨米总是在乔纳森之后），只不过每天我们从名单中不同的名字开始念起。

放手让学生自己运行“每天阅读五项”这一项目

学生们选择好自己想做的“任务”之后，在放手让他们行动之前，我们落实了一下想做“读给别人听”的学生数量是不是偶数。如果是单数，为了使其成为偶数，一名学生也许要改选做其他任务，或者另外一名学生也可以改选做这项任务；年龄小一些的学生偶尔会非常高兴地选择填充动物玩具或者木偶作为同伴，读给它们听。学生一旦登记好自己要做的任务，关于放手让他们自己运行项目，有以下几种选择：

1. 除非学生选择“读给别人听”这一任务，在他们登记好自己想做的任务之后，我们立即将他们解散，让他们直接进入自己的选择，立即开始做任务。这样做把他们在小组里等候的时间降到最少，并将放手让学生做任务的时间错开。只要能搭配成对，选择“读给别人听”的学生可以立即搭配成对；或者在最后，等选择其他任务的学生都被解散了以后让选择“读给别人听”的学生搭配成对。

2. 所有的学生都在集合处待命，离开的时候他们都结成了小组。“如果你选择了‘读给自己听’，可以离开并马上开始。”暂停。“如果你选择了‘写作训练场’，可以离开并马上开始。”暂停。把选择了“读给别人听”的学生留在最后，以下列话语结束学生分流：“如果你选择了‘读给别人听’，找一名同伴，马上开始。”

3. 学生在集合处待命，教师一下子放手让所有学生去做任务。当我们的朋友洛丽这么做的时候，其情形看起来和听起来如下文所述：她举起一个手指，说“一”。全班学生都安静下来，开始思考自己要去哪里做“任务”，思考马上开始做任务时的情形看起来和听起来会是什么样子。她站在那里，静静地说“二”，并举起两个手指。全班学生们站起来，看着她的手。她什么也没说，但是当她举起第三个手指的时候，学生们静静地走向自己能成功做任务的地方，接着就开始做任务。需要同伴的学生迅速找到了同伴。

她在那里一动不动地待了约 20 秒钟，然后和已经选好的要予以指导的学生一起坐下来。

读给别人听

在学生们参与的所有“选择”中，“读给别人听”经常是最受欢迎的（参见图 7.4）。结伴阅读可以帮助阅读者，尤其是发展中的阅读者，在理解、准确性、流利程度和表达力等方面取得进步，也可以提高阅读者的参与程度、

图 7.4
一旦学会了如何读给别人听，他们会非常投入

注意力和合作精神。更重要的是，学生们喜欢跟同伴一起阅读，很乐意以共同选择的书目来做这一任务。他们喜欢一起思考、一起学习。“读给别人听”可以使阅读者在以下诸方面有所提高：

- 阅读量
- 注意力水平
- 积极性
- 对技能和策略进行练习的机会
- 流利程度
- 表达
- 阅读速度
- 猜读技能
- 词汇
- 对阅读的热爱

一些教师相信“结伴阅读”的重要性，已经做过尝试，但最后对教室里增高的噪音水平感到沮丧。我们将与你们分享几点策略；有了这几点策略，你们的学生便可以从“结伴阅读”中获益，而你们呢，不仅可以精神愉快，还会喜欢学生做出的这一选择。

我们是按照“教授与学习独立的十个步骤”来介绍“读给别人听”这一任务的，在介绍“读给自己听”和“写作训练场”这两项任务时我们遵循的也是这十个步骤。在我们把这一任务加进来的时候，学生非常激动。我们知道，要想使这一“选择”成为有吸引力和成效的结伴行动而不是一片混乱，教师的明确指导和学生有针对性的练习是必需的。我们已经发现，使“读给别人听”这一任务取得成功的关键是确保学生将我们提供的各系列基础课内化；这些基础课教给他们一些技能，有了这些技能，他们可以认真地听同伴朗读、为同伴提供帮助、与同伴公平分享各种材料。在一整天时间里，当学生们结伴阅读以及结伴学习的时候，教师对这些技能的明确指导和学生们对之进行的练习，在学生的交际互动质量方面起着决定作用。因为“读给别人听”的基础课数量颇多，所以在介绍“每天阅读五项”这一项目时我们经常将其放在最后来介绍。

听有声读物

“听有声读物”这一任务在小学各年级学生中极受欢迎，也是中间各年级学生常选的任务。“听有声读物”为学生们提供了只有在聆听流利的、有表情的朗读范例时才能听到的发音和表达模式。因此，“听有声读物”对于年龄较大的、在阅读方面吃力的学生来说尤为有益，因为他们的听说理解能力远远超过其实际阅读水平。对于专门来我们这里学习英语语言的人来说，这也是一项很棒的资源。我们使用的阅读设备有电子书、电脑、写字板和 MP3 播放器。有声图书经常可以从公共图书馆借到，并且因特网上也免费提供了丰富的、极好的下载机会。（我们的订阅网站 www.thedailycafe.com 也列出了最近更新的资源。）我们按照“教授与学习独立的十个步骤”启动“听有声读物”这一任务。

图 7.5
这间教室里的电脑的数量决定了可以同时做“听有声读物”这一任务的学生的数量

在学生练习的时候，我们密切注意哪些学生在技术操作方面比较熟练。如果必要的话，可以指派这些学生做技术支持人员。这样做保证了在“每天阅读五项”的一轮运行中我们可以持续地对一小组一小组学生或者单个学生进行指导，而不必停下来帮助某些学生登录，寻找“播放”按钮或者处理其他任何技术问题。随着时间的推移，每人都能熟练操作这些“有声读物”工具。

我们已发现，对于“听有声读物”这一任务，学生几乎不需要培养耐性。这一任务非常有吸引力，大部分学生没有问题，可以在扩展时间里把这一任务坚持下来。关于“读给自己听”，下列是需要记住的最重要的事项：

1. 并不是每名学生都会选择“听有声读物”这一任务；也并不是每名学生都需要选择这一任务。

2. 学生们的机会和选择受硬件条件限制。在纽约州罗彻斯特的沃尔特·迪斯尼小学，教四年级的教师霍莉为每名学生准备了一台平板电脑，所以那里的学生可以同时做“听有声读物”这一任务。但是，就在走廊的另一头，教二年级的教师莫琳的整个教室里只有五台电脑。（图 7.5）

词汇学习

在运行“词汇学习”这一任务时，我们把注意力集中在学生的拼写和词汇上，为他们创造一种浓厚的读书识字环境；这种环境为他们提供了基本的练习时间，并且某些练习可以直接跳过去。学生对拼写模式进行试验、记住高频词、并培养对新词和独特词的真正好奇心和兴趣。学生们通过摸索词汇、词汇构成、词族、前缀以及后缀等掌握了词汇知识，提高了他们的写作技能。可供他们选择的学习材料多种多样（图 7.6），例如：

- 白板。我们有小的、可置于膝盖之上的白板供学生使用。他们也可以自由使用教室里的白板。

- 磁铁字母。学生在阅读和写作活动中，大部分词是以小写字母拼写的，所以我们比较喜欢小写字母套装。
- 黏土。我们可以把可塑黏土搓成细条后再将其处理成字母，也可以将其摊平塑成容器盖子状，学生可以用高尔夫球钉在上面写字，然后用手指将写下的字擦掉。
- 字母图章。我们还没有遇到不喜欢橡胶图章的学生。
- 贝壳。这些贝壳来自我们已经不用了的一条夏威夷项链；我们把这些贝壳从项链上剪下来。学生把这些贝壳排起来组成拼写用的字母。
- 技术设备。笔记本电脑或者平板电脑。有多种免费的或者不贵的应用软件为学生提供练习拼写的机会。
- 彩色马克笔。用不同的颜色写字有时被称作“彩虹书写”，是学生最喜欢的一项“词汇学习”活动。

我们在此列出这些材料决不代表你们必须拥有或者应当购买它们。我们的经验是它们必须是免费的或者价格不贵。所以，你们可以使用手头上有的东西或者能从别处找寻来的东西。因为“每天阅读五项”这一项目没有具体的学习内容，所以关于“词汇学习”这一任务，你们在这本专著里找不到可用来让学生练习拼写或者让他们学习一下的词汇表。我们使用的词汇因所教学生而异。在教小学各年级学生时，我们将注意力集中于高频词和他们经常使用且对他们有具体意义的词（如他们居住的城镇的名字、家庭成员的名字、喜爱的体育运动或者活动等等）。学生们练习这些词可以为其写作、流利程度和阅读提供支持。对于年龄大一些的学生，我们使用的词汇经常是他们个人整理出来的可用来练习拼写的词汇和可用来学习的词汇，以及整个班级共同整理出来的可用来学习的词汇。

图 7.6
这名学生正在用小白板和字迹干后可擦的马克笔快乐参与“词汇学习”这一任务

无论你们相信哪种方法才是教授拼写和词汇的最好方法，也无论你们喜欢什么样的资源，都可以简单融入一堂常规的“词汇学习”焦点课。

你们也许经不住诱惑，在介绍“每天阅读五项”的最后一个部分时跳过“教授与学习独立的十个步骤”，但是我们在启动“词汇学习”时依然是按照这些步骤来操作的。很重要的一点就是学生们要理解这一目的；只有这样，这些材料才会被看作和用作学习工具，而不是用来打发时间的玩具。

此时的焦点课以如下方式开始：“今天，我们要学习‘词汇学习’这一任务。写作的时候正确拼写单词很重要，因为我们在乎自己写的东西以及阅读我们写的东西的人。当我们能更好地拼写的时候，我们便能更好地阅读和写作，另外……这很有趣！”

以前，我们经常将“词汇学习”这一任务整轮运行下来，但是现在只运行 10 分钟左右。我们已经得知，随着时间滴滴答答而过，许多学生的行为会从以学习为中心转到以玩耍为中心，其耐性开始逐渐减弱。10 分钟之后，我们让学生把手头的材料清理好，然后让他们静静转入“写作训练场”或“读给自己听”中。

在我们共同为“词汇学习”创建“独立能力图”时，我们注意到了这项选择和“每天阅读五项”里的其他选择的不同之处。

在学生示范符合期望的行为，然后示范不符合期望的行为，再接着示范符合期望的行为时，注意和内化以下内容对他们来说很重要：

- 静静地配备和清理材料。
- 使用材料的人在使用完毕后帮忙把材料收拾好。
- 材料应放回材料桶里，然后将材料桶放回架子上的原处。
- 收拾材料时应保持材料整齐，这样你下次使用材料时才会舒心。这是对同班同学的尊重。
- 做完“词汇学习”任务后，迅速、安静地开始“读给自己听”或者“写作训练场”。

等到我们的学生掌握了“词汇学习”这一任务，他们已经掌握了“每天阅读五项”这一项目。现在，他们已经知道了他们需要知道的一切：材料放在教室里的什么地方、我们期望他们不管是自己还是与同伴一起时如何独立学习、如何组织和控制时间等等。最重要的是，读写板块里这种关怀他人、持之以恒、独立自主的学习品格已经成为他们的日常习惯。

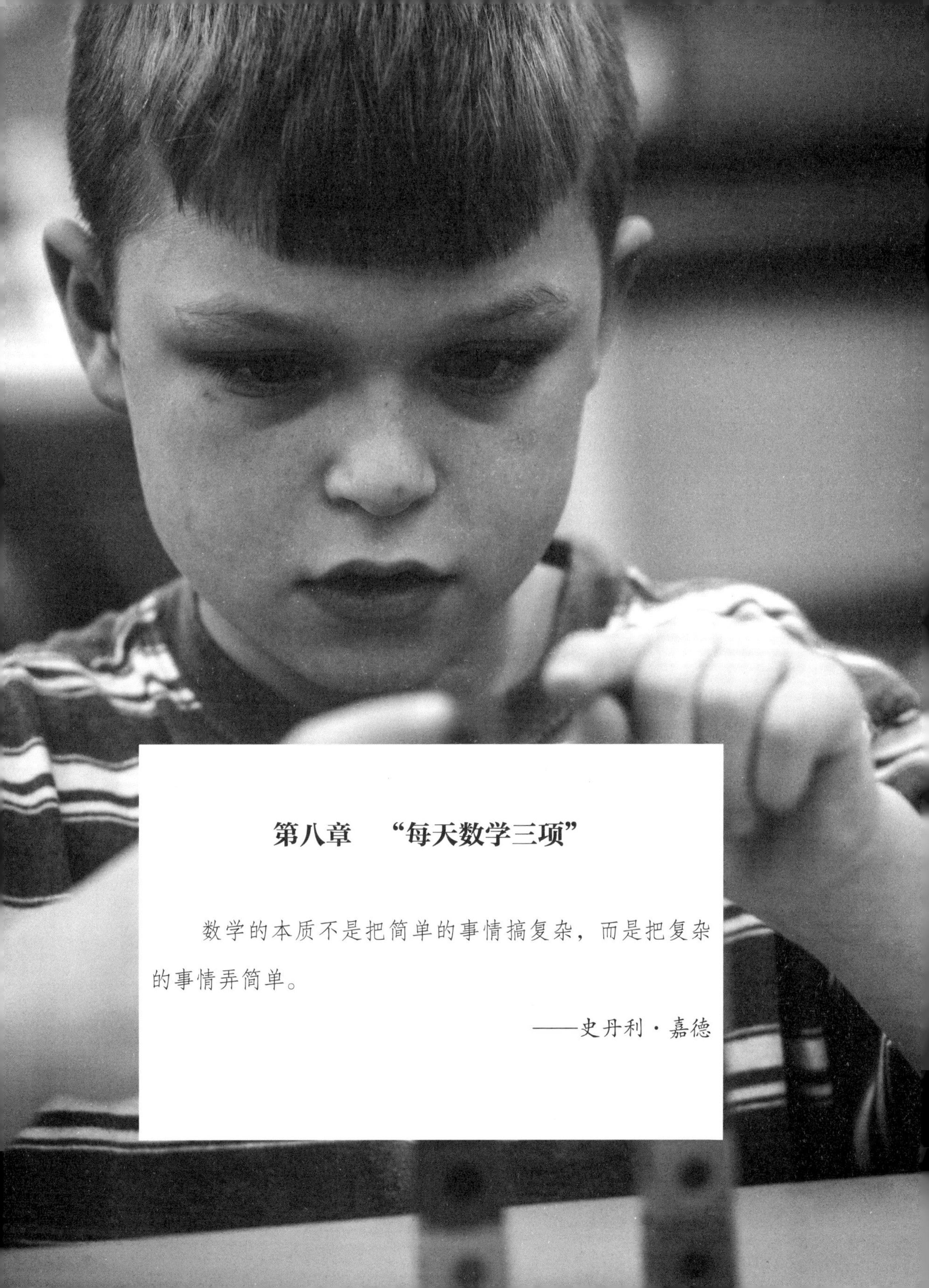

第八章　“每天数学三项”

数学的本质不是把简单的事情搞复杂，而是把复杂的事情弄简单。

——史丹利·嘉德

你们知道，运用“每天阅读五项”可以教会学生独立参加有意义的读写活动；这一项目为他们提供了选择权以及想在阅读方面取得进步所需要的练习时间。其结构安排使我们有时间与单个学生或一小组学生进行交谈，从而面对面地为学生提供集中指导；这种指导能帮助学生在读写方面获得最佳收益。鉴于“每天阅读五项”在学生读写学习方面取得的成功，我们开始在我们所教的几乎所有科目中使用“教授与学习独立的十个步骤”。

我们发现，自己是在运用这些步骤教学生如何独立使用科学仪器、独立使用技术设备、独立在走廊里做出正确行为。这一系统甚至影响了学生在休息时间的行为。一天，我们了解到，学生在下课休息的时候带着一张图、胶带和马克笔出了教室。绳球出了故障，所以那天绳球场禁止进入。学生把图粘贴在球场附近，创建了一份关于如何独立玩绳球的“独立能力图”。

既然“每天阅读五项”如此成功，我们开始考虑在数学教学时间里也使用这一项目。对我们来说，数学板块和读写板块似乎一直没有联系。在读写板块，我们发现学生获得了巨大收益，因为在我们对一小组学生或者单个学生进行指导的时候，其他学生有充足的时间独立练习。“每天阅读五项”自身的结构也使我们得以讲授三到四节较短的、面向全体学生的焦点课，而不是在读写板块教学之初上一堂面向全体学生的、持续时间长的大课。我们能确定我们的教学反映了学生的最大需求。在我们的教室里，读写学习时间是一天里我们最喜欢的时间—— 安静、专注，并且对我们的学生来说是成功的。

然而，在数学板块，我们依然在艰难地以第二章描述过的面向全体学生的“洒一洒，拜一拜”的教学法撑过每一天。你们知道，这种方法不是把注意力集中于学生个人的、具体的需求，而是把宽泛的指导当作雨露洒向全体学生，然后祈祷这种做法会起作用。每一天，我们都发现自己不得不铆足了劲儿来面对数学教学时间；在数学教学时间，我们要面向全体学生授课，这种课持续时间太长，学生们很难一直保持注意力，并且，我们知道，这种课对很多学生来讲太具挑战性，而对另一些学生来讲又太简单。我们总是感觉甚至在数学教学开始之前我们就不得不扎紧跑鞋、喝足补充能量的饮料。我们的常态就是跑来跑去，为那些因为不理解当天课上学过的内容而无法独立完成练习簿里的习题的学生提供支持，同时也想挑战一下其他学生。到底是什么使数学学习与读写学习如此不同?

在读写教学时间，当我们想对某一名学生或一小组一小组的学生进行指导的时候，班级里的其他学生便独立地致力于阅读和写作。这种独立的练习为学生能更好地阅读和练习提供了所需的时间。然而，在数学教学时间，当我们想对某一名学生或一小组的学生进行指导的时候，我们不知道应该让其他学生做什么。在独立练习时段，以前我们一直是让学生做练习簿里的习题。但是，与读写练习簿一样，数学练习簿提供的并不总是解决数学问题类的内容和能使学生更深入地理解数学概念的活动；数学练习簿也无法使班级里的大部分学生集中注意力，因而我们也无法成功地对某一名学生或一小组一小组的学生进行指导。所有这一切促使我们研发“每天数学三项”这一项目。

“每天数学三项”这一项目并不提供具体的数学学习内容，它是关于如何向学生提供任务和活动以使其如我们所愿地投入到数学学习中去。（范・德・沃尔、洛万，2006）本章全是关于在数学教学时间我们让学生独立做的事情。在数学教学时间，我们独立教学时遵循的模式，与我们在读写教学时间运行“每天阅读五项”时遵循的模式一样，这么做的目的是使学生能更深地理解数学。

“每天数学三项”这一项目自一开始就处于演进状态。开始的时候，我们模仿在读写教学时间运用的“每天阅读五项”里的五项选择，将其设计成“每日五项数学任务”。此后，我们改进了这一项目，创立了“每天数学三项”，根据学生的耐性和数学板块教学时间的长短每天运行两到三轮。每日的这三项数学任务是：

- 自己玩数学游戏
- 数学写作
- 与别人一起玩数学游戏

“自己玩数学游戏”和“与别人一起玩数学游戏”这两项任务里充满了要对数学概念进行的动觉练习，并且两者在根本上都是以活动为基础。这些活动除了使学生参与其中并利用拼接器具解决问题以外，还使学生可以独自或者与同伴一起玩数学游戏。在新一单元的数学学习开始之际，学生要参加的活动主要是对前几单元所学的内容进行复习和练习。这样做可以使学生对我们之前教过的概念继续练习，并使他们发现我们不会因为要介绍新的概念就把旧的忘掉。然而，随着新单元的逐渐深入，“每天数学三项”的活动更多的是与正在学习的单元有关的练习和巩固。“自己玩数学游戏”和“与别人一起玩数学游戏”这两项任务也可以把使用电脑和书写板作为一种手段让学生独立地练习一些策略。也有一些活动或游戏不仅适用于“自己玩数学游戏”，也适用于“与别人一起玩数学游戏”。因此，这些活动可以有双重目的。

在“数学写作”时间，学生借助图片、数字和文字致力于某道数学题或者某个数学概念，以此来表达他们的思考和理解；他们偶尔也通过编写自己的题目来表达自己的思考和理解。

“每天数学三项”的结构

“每天数学三项”的结构 (图 8.1、8.2) 与“每天阅读五项”的结构类似。(关于“每天阅读五项”的结构，参见表 1.4 至 1.6。)

与运行“每天阅读五项”时的情形一样，运行“每天数学三项”时，耐性较弱的学生参与三轮较短的运行，耐性较强的学生参与两轮较长的运

“每天数学三项”的基本结构——三轮

焦点课	学生的选择 自己玩数学游戏 数学写作 与别人一起玩数学游戏	焦点课	学生的选择 自己玩数学游戏 数学写作 与别人一起玩数学游戏	焦点课	学生的选择 自己玩数学游戏 数学写作 与别人一起玩数学游戏	焦点课
7到10分钟	教师的选择 与学生单独交谈 对一小组一小组的学生进行指导 评估	7到10分钟	教师的选择 与学生单独交谈 对一小组一小组的学生进行指导 评估	7到10分钟	教师的选择 与学生单独交谈 对一小组一小组的学生进行指导 评估	7到10分钟
	20到30分钟		20到30分钟		20到30分钟	

图 8.1　“每天数学三项”的基本结构——三轮

行。我们也发现，数学板块的时长决定了我们是否有时间运行两轮或三轮。

“每天数学三项”为教师利用“教授与学习独立的十个步骤”教学生独立选择数学任务提供了一个系统，也为数学板块提供了一种结构。与运行“每天阅读五项”时的情形一样，在“每天数学三项”运行期间，有三次短暂的授课和两到三次独立练习时间；一般情况下，我们以分享和复习当天所学的内容结束项目运行。

我们根据学校的数学教学计划来安排面向全体学生短暂授课时要教的

图 8.2
用于中间年级的“每天数学三项”的结构——两轮

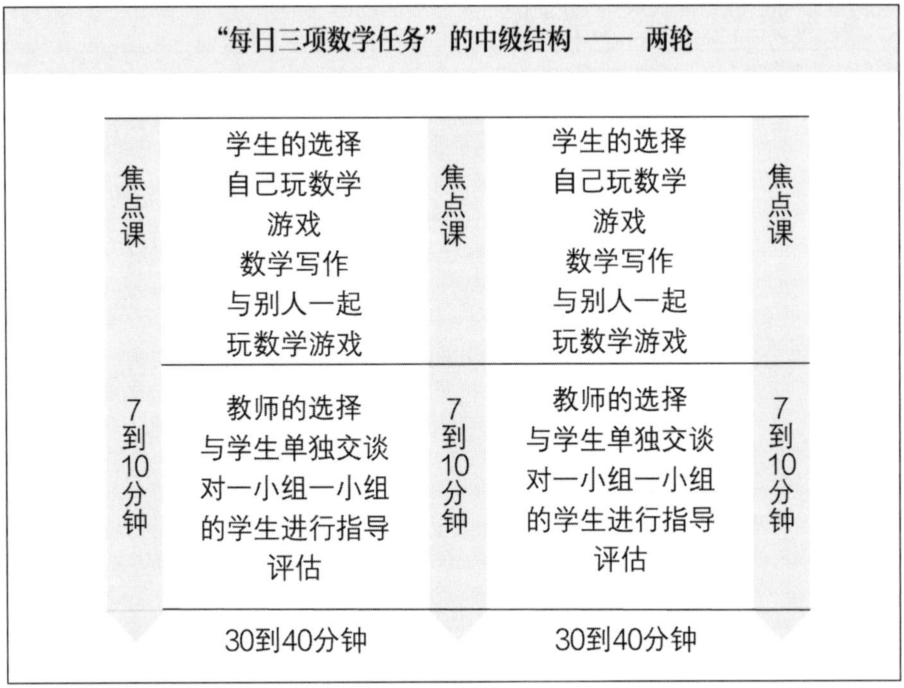

“每日三项数学任务”的中级结构 —— 两轮

焦点课 7到10分钟	学生的选择 自己玩数学游戏 数学写作 与别人一起玩数学游戏	焦点课 7到10分钟	学生的选择 自己玩数学游戏 数学写作 与别人一起玩数学游戏	焦点课 7到10分钟
	教师的选择 与学生单独交谈 对一小组一小组的学生进行指导 评估		教师的选择 与学生单独交谈 对一小组一小组的学生进行指导 评估	
	30到40分钟		30到40分钟	

内容。跟读写板块教学一样，我们需要用审辨的眼光看待要讲的每一堂课。教材上的许多课节篇幅太长，学生的大脑接受不了。（参见第二章的“脑研究”一节。）因此，在上每一堂课之前，我们定下来这一课书的哪些部分是重要并且必要的，也定下来哪些内容可以删除，以便把某个概念最有效地教给我们手头的全体学生。在一天当中，面向全体学生讲授的必要内容被分解成几个可处理的板块儿，分别在面向全体学生的焦点课上讲授；焦点课的讲授时间是在“每天数学三项”的每两轮运行之间。这样我们便可以巧妙地把这些焦点课的长度设计得符合大脑接受能力的程度，以此提高学生记住所学知识和信息的概率。（图 8.1）

数学课上，学生的参与度一直较充足。我们把脑研究提倡的“焦点课宜短不宜长”的理念与“逐步放手让学生承担责任”这一想法相结合，在“每天数学三项”的第一堂焦点课上，我们明确教给学生某个数学概念。第二堂焦点课结束之后，学生会有更多的时间在教师的指导下对此概念进行练习。第三次焦点课经常是题目讲解，内容是当天所学的焦点。学生可以独立做这道题目，也可以与身边的伙伴一起做。他们与一个同伴或者一组人分享自己的思考和策略，这样做可以使学生通过使用拼装器具、转身并交谈、分享和反复练习等多种途径相互合作并共同解决问题。表 8.3 是一堂数学课的范例；此范例展示了在运行“每天数学三项”的时候，在围绕着某个数学概念上焦点课时，我们如何逐步放手让学生自己承担责任。

我们在每一堂短课上也记住逐步放手让学生承担责任。在过去，我们经常先面向全体学生上一堂漫长的课，然后给学生布置作业；如果学生没有掌握我们讲授的概念，我们就跑来跑去，尽最大努力重新讲一遍、为学生提供支持并提问某些学生，所有这一切都是在大课上完后剩下的那点短暂的时间内完成的。那时，我们的指导直接从“我展示给你”阶段进入“你来做”阶段，不考虑学生在教师的指导下进行练习；我们必须承认，这种方法不是很成功，尤其是对那些在数学方面处境危险的学生来说。现在，每天的焦点课通常遵循逐步放手让学生承担责任的模式——“我来做”“我们来做”和“你们来做”——这种做法可以使我们有更多机会多向学生示范，使学生有更多机会在教师的指导下进行练习。正如费希尔和弗雷（2008）所述，“我们必须把学习的责任逐步转移给学生——并在每一阶段为他们提供支持”（32）。

概述“每天数学三项”

我们以“每天数学三项”的第一堂焦点课开始数学板块的教学工作（表 8.4）；这一焦点课是根据数学课程表里的一个概念或一节课来设计的。在课上，教师介绍和讲授当天要学习的概念。课堂教学主要聚焦在示范、思路讲解以及在学生听讲并跟进老师的思路时，用拼装器具、白板等辅助工具，直接讲授概念。

第一堂焦点课一结束，我们就让学生知道接下来我们要对哪（几）个小组的学生进行指导；其他学生开始登记他们对“每天数学三项”所做的第一次选择。（参见第七章的“登记”一节。）

运用逐步放手模式的授课样本

	今天的课
共同核心·州标准	《运算和算术思考》，一至四年级（这堂课与许多具体标准吻合）
焦点课 1 （我来做）	“‘积’是把两个数相乘之后得出的结果或答案。今天我们要学习做乘法运算时怎样使用实数直尺帮助我们找到‘积’。” “我们从数字 0 开始，每次跳 5 个数字，我想知道要跳多少次才能到达数字 20。”利用白板、实物投影机或者投影仪来展示实数直尺，用计数器或者地址计数器在实数直尺上示范要跳过多少个 5 才能到达数字 20。在示范的时候要自言自语。向学生介绍等式 5 x 4 = 20。向学生解释：“从数字 0 开始，我可以跳 4 次后在数字 20 处着落。” 在重新解这道题的时候，鼓励学生跟你一起大声数着跳的次数。
	运行“每天数学三项”（一轮）
焦点课 2 （我们来做）	“谁能告诉我一道乘法运算题的‘积’是什么？【学生们回答】是的！‘积’就是我们得到的答案！早先我向你们示范过做乘法运算时怎样使用实数直尺找到‘积’。现在我们一起练习一下。” 使用一把大的带地址计数器的实数直尺，在你提出问题的时候号召各种学生来做示范。鼓励全班学生跟使用地址计数器的学生一起数着。应安排全班学生讨论，全体学生应一起回答教师提出的各道题目。 做运算时，因数一定要既使用小的数也使用大的数。做过几道题目之后，鼓励学生提前对‘积’进行预测，然后借助实数直尺，通过数一数跳的次数来证实他们的答案。
	运行“每天数学三项”（一轮）
焦点课 3 （你们来做）	给每名学生一个计数器、一把实数直尺和一张纸。请学生出一道题目跟朋友交换。学生会相互交换自己出的题目，并用实数直尺来解决他们拿到手的题目。学生做完题目之后，安排班级讨论，让学生使用实数直尺来描述他们是怎样解决问题的。 问学生：“我是一个在 21 和 25 之间的数字。你可以通过每 4 个数字跳一下来说出我的名字。我是哪一个数字？”鼓励学生分享他们解决问题的方法。你也许希望让学生编出类似的题目跟朋友交换（这取决于剩余时间的多少和你察觉到的学生对所学概念的理解状况）。
	学生与别人分享

图 8.3　这堂课改编自 http://illuminations.nctm.org/LessonDetail.aspx?ID=L316

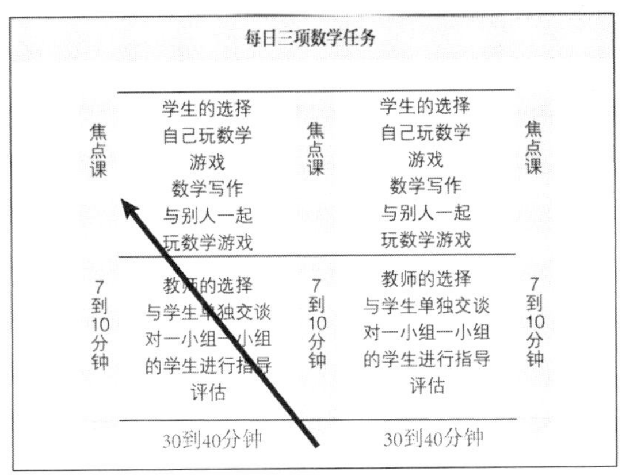

表 8.4
（表中箭头指明第一堂焦点课在“每天数学三项”之结构里的位置。）

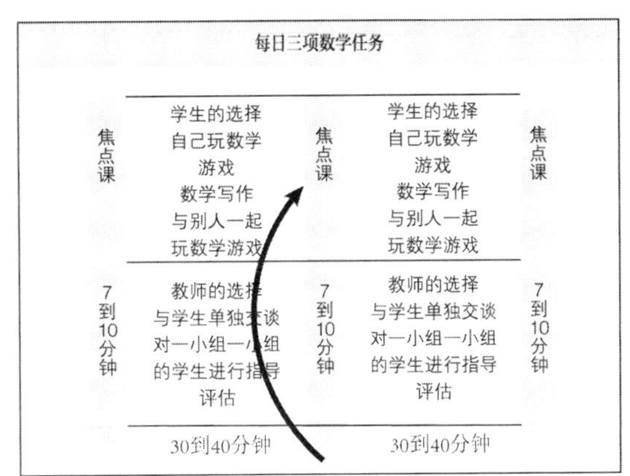

表 8.5
（表中箭头指明第二堂焦点课在“每天数学三项”之结构里的位置。）

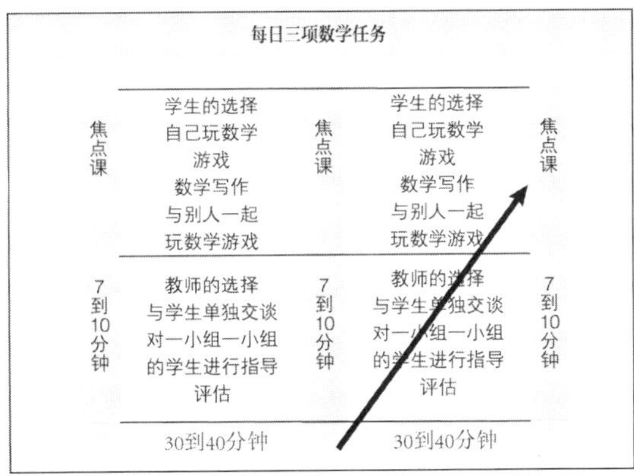

表 8.6
（表中箭头指明最后一次面向全体学生的焦点课和对那天所教概念的收尾工作。）

在其他学生独立参与“每天数学三项”的选择时，我们对这一小组学生进行指导，再次确认焦点课的长度与脑研究的发现相一致。这一小组经常是由对我们所教的课需要更多支持的学生组成，他们也许会获益于我们提前讲授这堂课的下一部分内容，或者需要复习一下昨天学过的内容才能达到最大程度的理解。我们把他们拉到一起，可以巩固他们的功课和所学的概念。我们对这一小组学生的指导结束之后，他们就登记参与“每天数学三项”里的一项选择；我们便迅速站起来，开始与学生单独交谈。在与学生交谈的间隙，我们环视一下教室，检查学生的耐性。一旦我们发现学生的耐性已耗尽，就把全体学生召回集合处上第二堂焦点课。

在第二次面向全体学生短暂授课时（图 8.5），我们的核心工作是接着第一次授课所讲的内容往下进行；此时，学生通过教师逐步放手的阶段即“我们来做”参与学习第一堂课上所学的概念。这堂课使学生通过继续使用拼装器具、纸张、白板或其他多种材料对所学概念进行指导性练习。在这第二堂课结束的时候，学生对要选择的任务进行登记，开始“每天数学三项”的第二轮运行。跟此前一样，当其他学生忙于自己的数学选择时，我们对某一小组学生进行指导；指导结束后，这一组学生登记自己要参与的“选择”，我们继续与其他学生单独交谈。

在第二次练习时间之后，第三次短暂授课围绕着“你们来做”这一理念展开。这是学生独自练习或者与同伴一起练习的时间。我们喜欢让学生待在集合处或其附近，我们也坐在那里；必要的时候，用胳膊肘轻轻地推一下学生，对他们进行引导和支持。在每次面向全体学生授课的时候，我们都监控和注意哪些学生也许对所学的概念需要额外支持或练习，因为我们需要对这些学生进行小组指导或者个别指导。最后一堂焦点课围绕着学生复习我们所教的概念和相互分享自己的策略来展开。（表 8.6）

开启“每天数学三项”时需要什么东西?

与“每天阅读五项”类似，“每天数学三项”这一项目需要教室的墙壁上有空间来创建“每天数学三项”公告牌（图 8.7）和张贴“独立能力图”。“每天数学三项”公告牌把需要学生独立参与的每一项数学活动组织在“自己玩数学游戏”、“数学写作”和“与别人一起玩数学游戏”三个范畴之下。

为了使学生不致混淆，我们把数学集合处和读写空间设在不同的地方。在数学集合处，我们放置了“独立能力图”、“每天数学三项”公告牌、图架、安装于头顶上方的投影仪、实物投影机和互动白板。

“每天数学三项”的运行要求我们有很多材料。这些材料也许包括拼装器具、棋类、骰子、纸牌、游戏板、小白板、计分器具等等。组织这些材料的方法有无数种。我们发现，在组织这些材料的时候，每名教师都有自己的风格。与“写作训练场”时使用笔记本和用文件夹装零散纸张之间的区别极其相似，教师对他们喜欢的材料和组织这些材料的方法抱有极大热

图 8.7
“每天数学三项”公告牌和“每天阅读五项”创建在不同的区域

情。其中，最重要的是教师能掌控组织这些材料的方法并教会学生也这么做。

也就是说，我们有一些策略可以大大地帮助我们管理支持学生独立参与“每天数学三项”的众多材料。

游戏板

许多数学游戏和培养学生独立能力的活动需要游戏板。我们组织游戏板的方法有很多种，从而学生能独立取用、使用和归位这些游戏板。我们发现，朋友艾利森的点子是最成功的方法之一。每次需要游戏板的时候，我们在一张 8.5 英寸乘以 11 英寸见方的纸上创建一份，然后将其塞入透明的塑料封套内。已塞入游戏板的塑料封套被添加到活页夹里；此活页夹放在学生很容易取到的地方。（如果手头没有塑料封套，可以将每张游戏板打孔后添加到活页夹里。）这种组织方法的极大好处之一是，游戏板可以被添加到同一活页夹的两个不同部分 —— “自己玩数学游戏”和“与别人一起玩数学游戏”，然后在这两部分之间夹一张来分页卡分隔；这样做可以使学生快捷、便利地找到自己想要的游戏板。此方法如此好用的另一个原因是，我们可以有多个装有同一游戏板的活页夹分发给学生。教室里有多个活页夹就意味着使用游戏板的时候任何人不必等待。最后，根据学生练习某些概念的需要，某些游戏板可以撤掉或者用其他游戏板取代。

骰子、游戏板计数器和纸牌

能否使计数器、游戏板、骰子，当然还有扑克牌这些小玩意儿井然有序、易配备、易清理，决定着“每天数学三项”的成败。我们发现，管理这些东西的基本方法有两种。

一种方法是为每名学生创建一个“工具包”。对我们来说，这种工具包仅仅是上面写着号码的带拉链的塑料袋。我们分派给每名学生一个具体的号码，他每天就取用那个塑料袋。我们把这些塑料袋装进桶里，并且在每只桶上加了标签，标签上注明了装在桶里的塑料袋的号码。每只桶约装十个袋子。这种管理结构加快了对每个袋子的定位。每个袋子里装着参加“自己玩数学游戏”和“与别人一起玩数学游戏”这两项任务所需的所有组件：棋类、骰子、纸牌、计数器等等。我们发现，用这种组织方法管理数学材料时，有助于把每个袋子的号码标在袋子里的每一个组件上。这种做法的好处是，当发现袋子里有错误组件时，很容易定位这一组件应该装在哪只桶里的哪个袋子里，然后将这一组件归其所属。

用“工具包”组织数学材料的明显缺点是，教室里的材料得足以装满每名学生的袋子。这一系统提出的另一挑战是，把这些材料收齐然后一一加标签注明其所在袋子的号码很费时间。

组织“每天数学三项”所要求的所有材料的另一种选择是，把这些材料装进箱子里，让学生根据自己的需求自己取用所需材料。

图 8.8 展示了储存和取用“每天数学三项”所需小计数器和其他小物件的简单有效的方法。所需的仅仅是一家在任何家居改善品商店都能找到的塑料箱；一般情况下，这种箱子是用来存放小钉子、螺母和螺栓的。我们在每个抽屉里都放了计数器、马克笔等等。当学生需要这些东西的时候，他们只需把小抽屉搬到自己学习的地方。这种抽屉用起来很简单，在“每天数学三项”的一轮运行结束时将其归位也很简单。我们经常把每个抽屉所盛材料的类型标在抽屉外面，这样做加快了零散材料的归集过程。

图 8.8
对于组织“每天数学三项”所需的许多小材料，在许多五金商店里能找到的这种多抽屉塑料存储箱非常好用

纸牌、各种骰子和其他因太大而无法装进小抽屉的东西被装在带多个抽屉的塑料推车里。（图 8.9）这样做可以使材料组织工作变得简单，可以在运行“每天数学三项”时把这些材料挪到教室里大家容易取用的某个地方。

图 8.9
这部多抽屉推车里盛放的是参与“每天数学三项”活动时所需的块头较大的数学材料

根据某单元的具体内容配备数学工具

许多单元的学习，如度量衡、几何和运算等，要求根据具体学习内容来配备工具。这些工具也放在个人工具包里，或者放在前一节所描述的大家都去取用材料的地方。

“每天数学三项”的其他日常必需品

学生的数学笔记本或日志簿放在供一小组学生使用的收纳桶里（图 8.10）；我们给每名学生指派一个收纳桶，让他们把自己的材料放入其中。（收纳桶里盛放的不是同等水平的学生的东西，也不是特地指定的一小组学生的东西。）有了这种收纳桶，我们可以更有效地利用教室里的空间；如果我们给每名学生一套桌椅让其存储个人必需品，就没有足够的空间用作集合处、小组学习区域、个人学习场所和同伴学习场所。（欲知更多关于教室设计的内容，请参见我们的网站 www.thedailycafe.com）

图 8.10
每个学生笔记本和日记本都放在每个人专有的收纳箱里

每名学生手头有一块白板是“每天数学三项”的要求。有了白板，学生便可以在全班同学面前或者在小组其他成员面前展示自己的思维、记录其他同学的思想和解答数学题目。然而，存储这些白板是有诀窍的。有几年，我们把白板放在供小组学生使用的收纳桶里。这样学生便可以迅速从较小的、供一组学生使用的收纳桶里取用白板、颜色笔和擦除器具，而不是凑成一团到全体学生放置这些东西的地方取用。这种方法的缺点是，由于多次放入、取出，这些白板被重度使用，经常出现划痕或者破损。但是，单层塑料板是物美价廉的选择，并且当地的五金店很愿意把这种用以搭建淋浴房的板材剪裁成适合各种收纳桶的尺寸。

我们也在教室里的不同地方把白板堆在一起，以便学生随手取用。然后，我们把颜色笔放在白板边上的贮藏箱里；每支笔都单独放在一只干净的套子里，这只套子是用来做擦除器具的。我们把书写工具放在套子里，以便使学生能快捷便利地拿起套子，而不必一下子把白板、彩色笔和擦除器具都拿好。

讲授“每天数学三项”的基础课

“每天数学三项”的基础课基本上和“每天阅读五项”的基础课相同，所以与“每天阅读五项”的运行一样，我们在开学第一天就开始讲授“每天数学三项”的基础课。第一堂基础课围绕着教学生如何收集材料、培养独立玩数学游戏的耐性以及把材料正确放回原处来展开。既然“每天数学三项”的运行在很大程度上围绕着材料和游戏来开展，教给学生如何独立使用这些材料至关重要。

我们通过“自己玩数学游戏”的基本活动开启讲授如何培养耐性以及配备、清理材料；这些基本活动取自我们的数学教学计划、在线网站、一些书籍等等。你们可以在我们的网站 www.thedailycafe.com 上找到我们使用的游戏，它们都归在“每天数学三项”这一标题下。网站的这一部分内容每周都会有扩展。数学游戏可以支持学生对我们所讲授的数学概念进行练习，也可以帮助学生复习上一年学过的概念。与许多同事一起工作，并把自己最喜欢的游戏传授给其他教师，有利于顺利开启新的学年。

启动“自己玩数学游戏”

一旦我们选择好要教给全体学生某种“自己玩数学游戏”活动，在开始讲授的时候我们要向学生示范材料放在什么地方、如何收集材料、如何玩这种游戏和如何参与活动。我们须确定这项活动教起来简单快捷；这样的话，学生可能凭去年学过的知识知道这第一种“自己玩数学游戏”活动的内容是什么，这对培养学生的耐性非常有帮助。

这项活动一讲完，我们就将这种游戏或者活动的名字用一个短句写在纸条上，并将纸条张贴在“每天数学三项”公告牌上的“自己玩数学游戏”

图 8.11
某项活动一教完，我们就将其用一个短句写在纸条上，然后将纸条张贴在“每天数学三项”墙上的正确标题下

标题下。（图 8.11）我们在短句纸条标签上为许多活动画下所需日用品的便捷图。这有助于学生完全独立地参与活动；当他们选择这项活动的时候，不必去问任何人需要收集哪些日用品。

活动一教完，我们就开始利用“教授与学习独立的十个步骤”来启动“自己玩数学游戏”这一任务。我们根据其中第 1、2、3 步创建的“独立能力图”总体上遵循了“每天阅读五项”的模式。

第 1 步 明确要讲授什么：自己玩数学游戏

第 2 步 定目标、制造迫切感：这是一种把数学学好的了不起的方法，并且这种方法很有趣！

第 3 步　把做“自己玩数学游戏”时符合期望的行为记录在“独立能力图上（图 8.12）：此处是“每天数学三项”与“每天阅读五项稍微不同的地方。由于这是启动这一任务的第一天，我们在“独立能力图”上写下以下四项：

迅速、安静地配备材料；

立即开始；

待在一个地方不动；

在整段时间里都在学习数学。

图 8.12
与“自己玩数学游戏”有关的“独立能力图”

第 4 步　示范最可取行为：我们让一两名学生示范如何收集材料并为玩游戏做准备。当他们待在一个地方玩游戏的时候，我们站在“独立能力图”边上，请其他学生观看示范者的示范。“他们是否迅速、安静地把材料收集好？他们是不是一直待在一个地方不动？他们是否在整段时间里都在学习？”全体学生回答“是的”，然后，我们问第二个问题，这个问题与启动“每天阅读五项”时的问题类似：“如果他们展现这些行为，他们能更好地学习数学吗？”“是的！”示范者接着示范迅速、安静地把材料收拾到正确的地方。

第 5 步　示范最不可取行为，然后再示范最可取行为：与启动“每天阅读五项”时一样，我们选的是一名有可能展示出不可取行为的学生。这名学生收集好材料后，没有待在一个地方不动，也没有在整段时间里都在学习，等等。我们站在“独立能力图”边上，就示范者的行为向其他学生提问。这一次，当问到这名学生是否迅速、安静地收集材料、是否在整段时间里都在学习、是否待在一个地方不动等问题时，全体学生的回答是“不是”。当然，对那个至关重要的问题“如果他 / 她这么做的话，他 / 她能更好地学习数学吗？”，全体学生的回答是一个响亮的“不能！”然后，我们又请这名正在示范的学生改变他 / 她的行为并正确示范可取行为。

第 6 步　让学生在教室里找到位置。就像启动“每天阅读五项”时一样，我们念着一小组一小组学生的名字，让他们收集好材料，然后迅速到教室的各个地方坐好。

第 7 步　练习与培养耐性：我们让每名学生再一次对焦点课上学过的内容进行练习并培养自己的耐性。

第 8 步　（教师）待在一边不动：在学生练习的时候，我们待在一边不动，这样他们会学着自己学习，而不需要我们陪伴。此时，虽然我们没有紧盯着每一名学生，也没有跟他们谈话，但是当有学生第一个失去耐性的时候，我们对他们的情况把握得非常清楚。

第 9 步 用轻声信号把学生召回集合处：一有学生失去耐性，我们就把所有学生召回集合处。在回集合处的路上，他们正确、安静、迅速地把材料收拾好。

第 10 步 以小组为单位登记学生的任务完成情况；问学生“练习进展得怎么样？”与运行“每天阅读五项”时一样，我们让学生举起一、二、三或四个手指来表明关于“独立能力图”上的每一项他们表现得如何。

在我们把“教授与学习独立的十个步骤”（包括一轮独立练习）完整过好一遍之后，我们要问自己：学生还有足够的注意力以同样的游戏将这十个步骤再过一遍吗？那样的话，我们便可以向“独立能力图”添加新的内容，他们的耐性也会得到进一步培养。或者，眼下他们是否已筋疲力尽？不管怎样，下一次我们把“教授与学习独立的十个步骤”再过一遍时，我们会把下列（学生）行为之一添加到“独立能力图”里：

立即开始

培养学习数学的耐性

安静地学习

每天，在运作“三项数学任务”时，我们或者带着学生复习前一天的“自己玩数学游戏”活动，或者向他们介绍新的“自己玩数学游戏”活动；这取决于全班学生的需求。我们继续往“独立能力图”里添加独立行为，继续往“每天数学三项”公告牌里添加“自己玩数学游戏”活动。

讲授“数学写作”之基础课

学年伊始之际，亦即我们启动“自己玩数学游戏”时，学生的耐性很弱。问题就产生了：“在今后的数学板块中我们应该做什么？”像运行读写板块的“每天阅读五项”一样，我们把数学板块剩下的时间用于讲授“数学写作”和“与别人一起玩数学游戏”两项任务的基础课。我们已经提到过，在“数学写作”时间，学生借助图片、数字和文字表达他们对某一概念或者某道数学题目的思考和理解。我们从各种地方为“数学写作”这一任务收集学习活动：我们的数学教学计划以及用于解决问题的一些概念，与我们正在讲授的数学概念相符的故事题和“今日问题”网页。所有这些资源在我们自己的数学教学计划、一些书籍和在线资源里都可以找到。我们在自己的网站 www.thedailycafe.com 上提供了很多学习活动；这些活动都置于“每天数学三项”标题之下。

在我们讲完“数学写作”的每一项活动并且学生也练习过这些活动之后，我们把每项活动都填写到短句纸条标签上，然后把纸条标签添加到“每天数学三项”公告牌里。

每天，在学生参与“自己玩数学游戏”这一任务并同时培养了耐性之后，我们就面向全体学生上一堂与“数学写作”问题或活动有关的（焦点）课。像运作“每天阅读五项”时的做法一样，这么做的目的是教给学生这些活动并让他们对之进行练习；因而，等到我们启动“数学写作”这一任务时，他们已能独立、有耐性地参与活动。

启动“数学写作”

学生一旦以“自己玩数学游戏”的任务培养了耐性（关于运作“每天阅读五项”时，学生在教师介绍新“任务”之前能保持耐性的最佳分钟数，请参见第七章篇首），我们就启动“数学写作”这一任务。我们利用“教授与学习独立的十个步骤”，从下列独立行为的头两种开始，慢慢地创建“独立能力图”：

待在一个地方不动

在整段时间里都在学习数学

立即开始

培养学习数学的耐性

安静地学习

“自己玩数学游戏”和“数学写作”一旦运作了如期的分钟数，我们就向学生介绍“选择权”，其进行方式与读写板块的“每天阅读五项”介绍这一理念时完全一样。（参见第七章的“介绍选择权”一节。）学生在参与“每天数学三项”的两轮运行时，可以选择先做“自己玩数学游戏”和“数学写作”中的任何一项，然后再做另一项。这种从“每天数学三项”的两个组件中择其一先运行然后再运行另一项的练习活动持续三到四天之后，我们就启动“与别人一起玩数学游戏”这一任务。

启动“与别人一起玩数学游戏”

在我们通过“自己玩数学游戏”和“数学写作”两项任务培养学生耐性的同时，也在读写板块中运行“每天阅读五项”并讲授其中的基础课。我们需要取自“每天阅读五项”以支持“每天数学三项”的重要基础课之一便是“如何选择同伴”（参见第六章“如何选择同伴”这一小节）。

学生通过“自己玩数学游戏”和“数学写作”两项任务培养的耐性达到一定程度，可以跟他们介绍下一项“每天数学三项”选择的分钟数时（参见第七章篇首），并且学生一旦在运行读写板块的“每天阅读五项”时得到教师介绍并练习过“如何选择同伴”，我们就准备介绍“与别人一起玩数学游戏”这项任务。

介绍“与别人一起玩数学游戏”的第一天看起来与介绍“自己玩数学游戏”的第一天类似。（参见本章“启动‘自己玩数学游戏’”一节。）开始时，我们教给学生一种需要与同伴合作才能参与的活动。在讲授这种活动的时候，我们也向学生示范如何收集和清理材料，虽然学生已通过运行“自己玩数学游戏”习惯了这一条规约。我们讲授的活动同样取自各种地方——我们的数学教学计划、在线资源、专业书籍和我们的网站。讲授完这种活动之后，我们把标注了所需材料的短句纸条标签添加到“每天数学三项”公告牌里。

活动一介绍完毕并且被写到“每天数学三项”公告牌里，我们就开始利用“教授与学习独立的十个步骤”创建相关的“独立能力图”。此刻，许多学生会看出这份“独立能力图”跟在数学板块和读写板块中创建的其他同名图的相互关系。因此，我们经常可以把符合期望的所有行为立即写到“独立能力图”上，而不是仅仅写出其中两种作为开始：

迅速、安静地配备材料
待在一个地方不动
在整段时间里都在学习数学
迅速、安静地把材料收拾到正确的地方
立即开始
培养学习数学的耐性
安静地学习

此时，培养耐性和介绍“与别人一起玩数学游戏”的各种活动所遵循的模式与介绍“自己玩数学游戏”时相同。如果我们发现教室里的噪音水平太高，就限制一下参加每轮运行的学生对子的数量，直到每人都可以轮到，而不是所有对子同时参加活动。

■ ■ ■

如同“每天阅读五项”，“每天数学三项”改变了我们的数学教学，也改变了学生的学习成绩。现在，学生独立参加的活动既能练习其正在学习的数学概念，又能复习过去学过的概念。每天我们能密切地、不懈地对单个学生或一小组一小组学生进行指导。这种个性化的训练可以使学生接收到量身定做的教学，以最佳满足其需求。教师中心明确的数学教学加之以学生独立的练习，使我们的学生体验到了比以往更多的成功，创造出一种类似于我们喜爱的“每天阅读五项”时间的学习文化。我们不再害怕数学时间，而是期待学生以及我们都已有所体验的那种安静、有吸引力、充满乐趣的教与学之氛围。

第九章　重谈我们的核心信念

在你所在之地，以你所拥有的资源，做你力所能及的事情。

——西奥多·罗斯福

在这个时间节点，我们想专门讨论一下我们如何管理父母志愿者、嘉宾教师、新学生和教室里最有挑战性的学生。这些工作颇为难做，能提高亦能毁损我们辛辛苦苦创建起来的教室文化。我们坚定地以我们的核心信念 —— 社区、责任感、信任和尊重 —— 为基础来管理上述的每一项。

“晴雨表学生”

“晴雨表学生”是一个委婉用语，我们用来称呼那些影响“教室天气”的学生。（参见第三章“第 8 步［教师］待在一边不动”一节。）

教师要找到有效的方法支持“晴雨表学生”，这一点不仅对于“晴雨表学生”而且对于教室里由全体学生组成的社区来说都很重要。我们绝对相信，在我们教师的适当支持下，教室里的“晴雨表学生”会取得成功。这是一种可以自我实现的预言；学生会奋起达到我们对他们的期望。

在启动“每天阅读五项”之初，如果同一个或者几个学生连续三到五天带头破坏课堂纪律，我们就要采取行动，根据需要，为学生提供由四个层面组成的一系列支持。（表 9.1）

层面一：反思

对“晴雨表学生”的第一层面也是最重要的支持是我们自己的反思。学生缺少耐性的时候，我们很容易指责学生，但是如果是我们跳过了“教授与学习独立的十个步骤”中的任何一步，由此造成的失败就理应由我们承担。我们也许经不起诱惑，将“十个步骤”中示范最可取行为和最不可取行为的部分跳过去，然而经过反思，我们也许认识到，学生确实需要看到我们清楚示范我们的期望。经过反思，我们也许也会发现，我们一直抓着“晴雨表学生”不放，而没有做到不予理睬。这些学生经常发现，积极行为可以引起别人注意，消极行为同样可以引起别人注意。

为“晴雨表学生”提供的各个层面的支持

层面一：反思

教师反思自己的教学实践：

1. “教授与学习独立的十个步骤”我讲授清楚了吗?
2. 我的眼睛和身体有没有一直避开“晴雨表学生”?
3. 我有一直使用尊重的说话声和语调吗（有没有使用尖刻的话语）?
4. 记住取款前必须往账户里存款。
5. 把教师往“晴雨表学生”的情感账户里预存的款项制成图。

层面二：额外支持

1. 在课间休息时，学生待在教师那里练习 2 到 3 分钟最可取行为。
2. 在课间休息时，学生继续待在教师那里练习 3 到 5 天，直到其行为开始发生改变。

如果学生在某一独立行为方面没有改善，请向层面三寻求支持。

跟踪记录积极行为

9–10	10–11	11–12	12–1	1–2	2–3

层面三：课内修正

1. 几码见方的织物 、两个沙漏、书籍归纳篮、一袋子“调节品”（如乐高拼装玩具、橡皮泥、不同的阅读材料）

让学生在修正自己的行为时坐在织物上、使用沙漏、交替进行阅读活动和器具拼装活动。

层面四：逐步放开对课内修正的控制

“三明治” —— 跟学生交谈的时候，先检查一下“晴雨表学生”的情况，然后走向另一名学生，返回到“晴雨表学生”这里对他的情况快速进行登记，走向另一名学生，等等。把我们对“晴雨表学生”的支持夹在我们对其他学生的支持之间。

图 9.1　根据需要，为“晴雨表学生”提供不同层面的一系列支持

我们立即着手检查的是这些学生的书籍收纳篮里的书籍。这些书适合他们吗？这些学生喜欢它们吗？发现它们有吸引力吗？在帮助学生挑书的时候，我们时刻留心观察，一发现他们对书籍收纳篮里的书没有兴趣了，

就马上找更适合他们的书。

表 9.2
你们可以从此例看到，一天还未结束，这名学生已经把我们累得筋疲力尽

我的计划

9–10	10–11	11–12	12–1	1–2	2–3
✓	✓	✓	✓	✓	✓
✓	✓	✓	✓	✓	
✓	✓	✓	✓	✓	
✓		✓			

如表 9.2 所示，满满的计划很快会将我们耗尽。此时，我们需要向同事请求支持。在我们最困难的时候，“晴雨表学生”看到有老师每隔一段时间就跑进教室正面鼓励他们，他们知道，不仅仅是自己教室里的老师，学校里的其他人也注意到他们的积极性。让“晴雨表学生”的周围都有支持他们的成年人，彼此合作团结，是那些困境中的学生所能得到的最好的礼物。

有时候，这些学生来到我们身边时，会是一副无精打采的样子。因而，在对“晴雨表学生”提供指导的时候，我们特别小心，持续使用积极的语调，正如斯蒂芬·科维（1989）所述，只有我们向他们的情感银行账户充了值，他们才可以从中取出款来。除了一整天中注意这些学生的积极、适当行为以外，跟他们交谈时使用积极的语调也是基本的事情。为了做到这一点，我们经常给自己制定一项“计划”。只是这项“计划”要采用比较直观的形式，即在一张纸上把学生一天之内的学习时间分成各个小时，再把每小时分成更小的片段。我们把这一表格的内容通过笔记本电脑录入到我们在网站上开辟的记录师生交谈内容的板块里，直观地提醒我们去观察这些“晴雨表学生”，并对他们的积极行为和互动给予反馈。（表 9.2）

在继而寻求其他层面的支持之前，我们确信全体学生展示出的耐性很

有限这种状况并不是我们有所作为或者无所作为的结果。如果有信得过的同事愿意观察我们的行为，他 / 她经常能帮助我们看清手头的问题。

如果我们能认定一个事实，即我们已经成功实施了层面一所列的对“晴雨表学生”提供支持的所有项目而学生的晴雨表式行为依然存在，那我们就可以寻求第二层面的支持。

层面二：额外支持

如果同一名学生连续几天都是第一个失去耐性，并且我们已经彻底反思了层面一所要求的教学实践，我们明白此时应该向这名学生提供额外支持了。

为了提供额外支持，我们私下里友善地请“晴雨表学生”在课间休息时到我们这里来，这样他们可以在我们这里练习培养耐性。当“晴雨表学生”在课间休息时间练习培养耐性的时候，他们确实是在练习，只是仅持续两三分钟（哎呀！一般情况下，他们是那些需要待在大众范围之外的学生！）。我们请这些学生告诉我们，他们为什么在课间休息时间还要练习；如果必要的话（我们继续使用和善的语调），我们把自己的想法 告诉他们，他们到我们这里是为了练习“读给自己听”或“每天阅读五项”里的其他独立行为 。然后，我们明确地为这些行为加上标签。例如，我们也许会说：“杰克，我注意到你很难待在一个地方不动。去拿你的书籍收纳篮，然后上那边去阅读，并且要努力培养‘待在一个地方不动’这一行为的耐性。”

学生准备好了之后，我们就到一边待着，让他们独自练习。在几分钟快结束的时候，我们让学生停下来，利用“独立能力图”回顾一下他 / 她刚才正在做的事情，让他 / 她知道我们确信第二天他 / 她会成功。第二天，如果学生依然难以展示可取行为，我们就在课间休息时间让他 / 她继续练习。

如果必要的话，我们在课间休息时间继续把这名学生留下来练习三到五天，认真观察一下，看一看这一层面的支持是否帮助他 / 她改变了自己的行为。对于我们这里大多数“晴雨表学生”来说，这一层面的支持就足够了。

这么做的一个好处是帮助我们弄清楚了学生的出格行为是否是想引起别人的注意，还是因为更根本的东西（他们自己无法控制）。学生在课间休息时间待在我们这里练习了几天之后，其行为经常会发生改变；这表明他 / 她在很大程度上是想让自己的行为引起别人的注意，他 / 她已经厌倦了失去课间休息时间，也厌倦了根本没有引起我们多少注意。如果我们明白绝对不会发生变化，就应该意识到这名学生也许无法控制自己的行为；这意味着我们需要寻求下一层面的支持。

层面三：课内修正

如果我们认定一名学生需要的支持比层面二可提供的多，就转而为他 / 她提供各种课内修正。这些修正帮助“晴雨表学生”以自己的速度培养耐性；他 / 她的进度看起来跟班级里其他学生的速度不一样。我们先收集能帮助学生培养耐性从而使其具有独立能力的工具：包括几码见方、颜色及质地各异的纺织物，或者是可移动的小地毯。我们也会用胶带或者粉笔在地板上划出一些矩形的区域，以此创建几处“办公室”。一名学生甚至发现，自己坐在收纳篮旁可以成功地做“读给自己听”这一任务。他只是需要被篮子的稳固和结实围绕着自己才能集中注意力。（参见图 9.3a、9.3b）我们收集的其他工具是时长不一的沙漏或者秒表。我们也收集一些可以让学生动动手的材料，如橡皮泥、花纹块、乐高拼装玩具和其他拼装器具。（图 9.4）在我们面向全体学生上完短暂的焦点课并且每名学生都登记好自己选择的任务后，我们便向“晴雨表学生”解释我们要帮助他 / 她培养耐性。开始时，我们会致力于“待在一个地方不动”这一行为。我们请“晴雨表学生”选择一个位置以便为练习可取行为做准备：一块坐上去感觉不错的织物；我们帮助他 / 她把选好的织物放在合适的地方或者放在某间“办公室”那儿。这些空间为那些更偏动觉型学生提供了视觉上的——有时候甚至是有形的——支持，为他们练习“待在一个地方不动”这一行为提供了极大帮助。

图 9.3a
这名学生的课内修正是什么？他把收纳篮当作“办公室”。他喜欢这间“办公室”，这种方式生效了

图 9.3b
我们有时用遮蔽胶带或者粉笔在地板上划出“办公室”的边界

图 9.4
学生在学习期间使用能让他们动动手的材料

我们帮助学生坐好之后，跟他/她讲了要“待在一个地方别动”并且“在整段时间都要读”。“晴雨表学生”已经表现出无法集中注意力和持续阅读之后，我们为他们提供了一种工具即沙漏，从视觉上提示他/她在一定的时间内必须敦促自己无间断地阅读。第三，我们为他们提供了一种拼装器具，正好是他们非常喜欢或者已经展示出兴趣的那种。我们教学生把沙漏翻转过来，开始阅读，一直到里面的沙子流尽，再把沙漏翻转过来，玩一会儿拼装器具，一直到里面的沙子流尽，再把沙漏翻转过来，再读，等等。拼装器具为这名学生的大脑提供了有动感但又比较安静的休息，过了一会儿，他/她又开始阅读，正确练习可取行为。我们知道你们很多人在想：“但是你不知道我这里的“晴雨表学生”。当沙漏里的沙子流尽时，他们是决不会把拼装器具收拾起来的。”你们说的情况也许是对的，但是在一开始的时候，我们做的第一步是让他们待在一个地方别动。随着时间的推移，我们继续为他们的阅读提供支持。

对于年龄大一些并且会使用秒表的学生，我们做了些调整。他们在开始

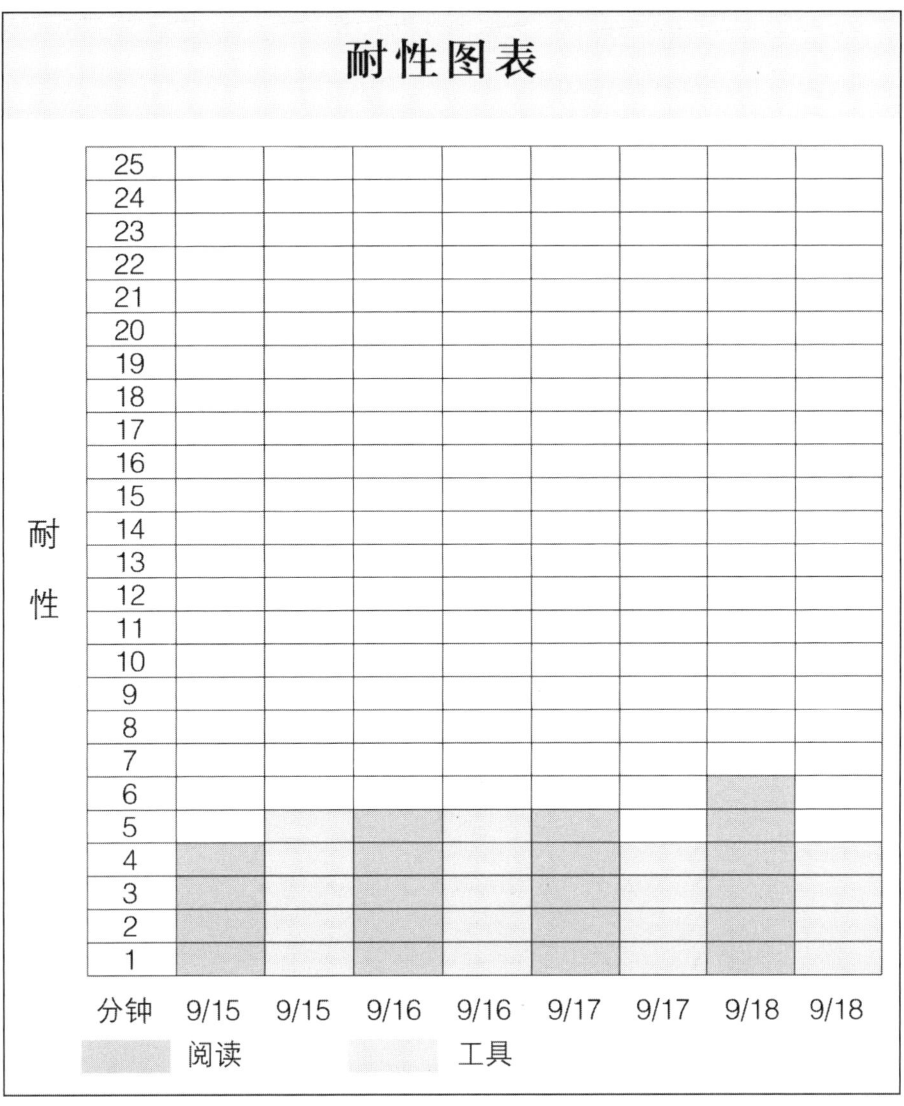

表 9.5
一名“晴雨表学生”记录下她阅读时的耐性和花在使用拼装器具上的时间，这样她便可以看到自己在这段时间内取得的进步，并因而受到鼓舞

阅读的时候，用秒表为自己计时；然后，在耐性消失的时候，停止计时。他们在耐性图上记录下日期和自己持续阅读的分钟数。（表 9.5）他们再一次开始使用秒表，这一次他们用能让自己动动手的拼装器具来放松大脑。此时，年龄大一些的学生对“我侦察”系列图书、吉尼斯世界大全和笑话书的喜爱也许超过对拼装器具的喜爱。他们把大脑休息所需的分钟数标在同一张图上。

这种课内修正有双重目标。我们想把班级里其他学生参与“任务”

时的这段较长的时间分成几个小块儿，以此修正“晴雨表学生”的行为，使课内调整处于较多可管理的时间小块儿中，并且这些时间小块儿还将与大脑休息相结合。这样便为耐性培养得慢的学生提供了一些助其培养耐性的工具。另一个目标是班级里的其他学生在继续培养耐性的时候不致受到打扰。

当“晴雨表学生”以第一种沙漏掌握了这一时间目标（我们为年龄大一些的学生配备的是秒表），我们向他 / 她介绍第二种沙漏，这种沙漏记录的时间比第一种长。我们把新沙漏上标上一个“B”，用它记录“阅读时间”，而原来的记录时间短一些的沙漏继续用于记录拼装各种器具所用的时间。我们与“晴雨表学生”一起操练了一下，阅读的时候把 B 沙漏翻转过来，然后在大脑休息的时候把第一种沙漏翻转过来。学生继续使用这两种沙漏来练习，直到我们看到他们能够以新的记录时间较长的沙漏保持自己的独立能力。然后，我们把 B 沙漏换成可记录更长时间的沙漏。我们通过慢慢增加“晴雨表学生”的读书时间，并让他们在大脑休息时动手做一些活动，使他们能以对自己来说最佳的速度培养耐性。

对于年龄大一些的学生，每天，我们在开启“每天阅读五项”之际跟他们交谈一次；或者，如果需要的话，交谈时间定在“每天阅读五项”的每轮运行之初。跟他们简短会谈时，我们对他们的耐性图进行回顾，跟他们讨论我们提供的哪些支持起作用、哪些不起作用，帮助他们为每一天定好目标。在每一轮运行结束时或者在“每天阅读五项”这一项目的运行结束时，我们迅速对他们的表现进行登记，看一看进展如何。

如果记录大脑休息时间的 B 沙漏里的沙子流尽之时学生依然难以放下拼装器具或者替代阅读材料，我们有很多种别的策略支持这些学生。

第一种举措是再次检查他们的盛书用具，以确定里面的书适合且吸引他们。另一种策略是在全班学生练习培养耐性的时候，我们不时地接近“晴雨表学生”，站到他们附近，但不去看他们，也不与他们打交道。

在大脑休息时间结束时，他们如果知道我们就在附近，便会坐回去继续阅读。有些学生觉得，“待在一个地方不动”或者当沙漏里的沙子流尽之时“返回去继续阅读”对他们颇具挑战性；我们便为这些学生配备了到时候会发出一声短暂乐音的计时器。我们把这种计时器与拼装器具、替代读物一起放在离他们不远的地方。在大脑休息时间结束之时，当计时器发出响声的时候，“晴雨表学生”便站起身，把拼装器具放在计时器边上，重置计时器，然后返回他 / 她的位置。这使“晴雨表学生”的状况改善了一点，为他们提供了也许很需要的运动，并在其阅读的时候把拼装器具从其够得着的地方拿走。起初，在计时器发出响声的时候，全班学生会抬起头来，但很快他们就会忽视这种声音，认为这只是所有教室里都有的背景噪音之一。

同样，对于那些需要更多运动的学生，我们把拼装器具和计时器放在教室门外。我们用这种策略使其走出去取拼装器具并重置计时器。这样做为其身体提供了所需的运动，班级里的其他学生也不会因为他们在教室里走动而受到打扰。

如果其他学生也想有一块织物来坐，或者也想动手拼装那些器具，那是再寻常不过的事情了。我们向有这种想法的学生解释：这些东西仅仅是工具；虽然我们欢迎任何人使用这些织物或者这些空着的“办公室”，但这些工具是为别人预留的，他们的计划与我们的不同，并且他们要靠这些计划来帮助自己达到自己的目标。

我们发现，“晴雨表学生”一旦培养出了耐性，就不再需要这些工具了，他们情愿放弃它们。学生参与“每天阅读五项” 时不借助工具一直是我们的愿望。虽然我们知道如果必要的话，他们一直可以返回去使用工具，但我们还是与他们单独交谈，以发现他们能实现此目标的最佳时间。我们甚至有过这样的学生，某一天对他们来讲特别有挑战性，于是他们走到我们这里，要求使用这些工具。

层面四：逐渐放开对课内修正的控制

有很多时候，我们最有挑战性的学生，甚至在他们已经不再使用那些工具的时候，依然需要我们的额外支持。我们把这第四层面的支持叫作“逐渐放开对课内修正的控制”。简言之，此方法就是在“每天阅读五项”的一轮运行中我们快速对“晴雨表学生”的情况进行“三明治式”登记。一旦我们讲授完毕面向全体学生的焦点课，或者完成了与学生小组或单个学生的交谈，就悄悄走到“晴雨表学生”身边，快速登记一下他们的情况，询问他们的活动进展得如何，主动向他们说几句鼓励的话或者给予他们一点支持。这项工作是在去和另一名学生单独交谈的途中完成的。与另一名学生的交谈结束时，我们又转回“晴雨表学生”身边，快速登记他们的情况，登记内容与上一次类似。在“每天阅读五项”的每一整轮运行中，我们都在继续这个过程。

如果我们期望“晴雨表学生”独立完成“每天阅读五项”的一整轮运行，这种把快速登记夹在对学生小组和单个学生的指导之间的做法，给了他们足够支持，以帮助他们获得更大成功。对“晴雨表学生”提供层面四的支持，只是我们不再坐在桌子边或地板上把他们叫到我们身边的原因之一。我们利用“走向下一次师生交谈”的时间，非常尊重和巧妙地向处境最危险的学生提供积极主动的支持。

在第二章，我们写道：“信任学生是‘每天阅读五项’这个项目可以发挥作用的基础。信任就是相信别人最好的一面，即使他的行动或行为前后不一致。”我们知道，帮助“晴雨表学生”培养一定程度的耐性也许是一项缓慢且具挑战性的工作；但是，只有耐性达到了一定程度，学生才能获得一定的练习时间；只有获得了一定的练习时间，他们才能更好地阅读和写作。你们尽管坚持下去吧！要相信在你们的帮助下这一愿望会实现的。

嘉宾教师

如果“晴雨表学生”造就了教室里的天气，那么嘉宾教师可能代表了突如其来的“锋”[1]，这种“锋”会不时来到我们身边。我们可以做几件事情来支持嘉宾教师，帮助他/她将我们可以预测到的教学计划坚持下来，因为学生已经习惯了这种教学计划，并且其成功有赖于这些教学计划。

我们爱自己的学生，努力使跟他们在一起的每一刻都有意义、有价值、有成效。我们也想使他们与嘉宾教师在一起的时间同样珍贵。把手头的教学工作交给别人时，即使做得再好，也是很费时间的；撰写详细的教学计划以便维持高水平的学习活动，解释针对每一名学生的教学计划及个体差异，预判我们不在场时，学生的行为也许会发生的变化——这一切都要求我们付出很大努力。然而，解决学生的需求、为每名学生的成功搭好舞台这些理念已深深地扎根于我们把学生已经习惯了的教学计划维持下来的行动中。

我们写了一份宽泛的教学计划，解释“每天阅读五项”这一项目，并将其保存在电脑里。这样，教学计划和读写板块之结构这两者的解释工作已大部分到位。因而，教学计划撰写工作也简单了很多；但更重要的是，不论是由我们来教学生，还是由嘉宾教师来教，撰写一份教学计划有利于使学生的学习活动仍保持在较高水平。下列邀请嘉宾教师的计划（样本），也可以在附录G里查到。

邀请嘉宾教师的计划（样本）

欢迎！非常感谢您到我们这里来！这群学生非常棒，对友好、积极的话语会做出良好的反应。他们非常有独立性，对常规学习活动也很熟悉，因此我敢肯定，一天的教学工作会进展得非常顺利。请向他们学习，尊重他们！他们是一群了不起的学生。

1　锋是气象用语，指冷暖气流的交界地区。冷暖气团相遇时，它们之间会出现一个倾斜的交界面，称为锋面（锋区）；锋面与地面相交的线，称为锋线。一般把锋面和锋线统称为锋。——编注

计划安排之一瞥

8: 40 – 8: 55	学生来到学校（开放校园）后走进教室，开始图书采购工作。
8: 55	开始上课：点名，致欢迎词，等等。
9: 00 – 9: 15	日历
9: 15 – 11: 50	“每天阅读五项”和写作训练场
11: 50 – 12: 50	午餐和休息
12: 50 – 2: 00	数学
2: 00 – 2: 30	第三板块（柔性板块：科学 / 社会科学，书法，艺术）
2: 30 – 2: 50	休息
2: 50 – 3: 20	分章节故事书
3: 20	放学

学生在8: 40左右或者在到达学校的时候就开始进教室。请提醒他们：（1）预订午餐；（2）在“每日一图”上登记；（3）拿好书籍收纳篮；（4）阅读或采购“适合自己的图书”。他们会忙于上述诸事，直到8: 55上课铃声响起。

8: 55　一天的工作开始了：请助手帮忙算一下学生预订的午餐。你要将午餐预订情况和缺席学生的名字记在出勤报告里；出勤报告放在蓝色的文件夹里。助手会将这份报告拿到学校办公室。在一整天之内，助手都会帮助你。跟学生一起回顾一下教学计划里的内容。询问学生是否可以肯定地说出自己是否已在“每日一图”上登记过。站好，升国旗，然后让助手把全班学生带到数学日历那里。

9: 00　日历：助手开始带着学生浏览日历上的活动安排。在助手管理日历时间的时候，你扮演参与者的角色。

转而与学生讨论“跟别人一起阅读”的事情：今天我们选择的文学作

品是 ______。我们将向大家示范流利朗读和“倒回去重读”策略，以便在理解中断或者某个词读得不正确的时候检查自己是否明白。

每天阅读五项

下文所述是“每天阅读五项”这一项目的结构：

逐一念着学生的名字，让他们注意“每天阅读五项”笔记板上的内容。在笔记板上，使用我们的编码系统（R= 读给自己听，RS= 读给别人听，W= 写作训练场，WW= 词汇学习，L= 听有声读物）在学生名字后面的空框里记下他们的选择。助手会帮你记下有多少名学生选择了“读给别人听”，因为在每一轮运行中最多只能有六人选择这一任务。学生的任务登记工作一完成，立即算出选择“读给别人听”的学生的总数。这个数目必须是偶数，不然某一名学生将不得不改变自己的选择。按下面的顺序将学生解散：先是“听有声读物”，然后是“读给自己听”，接着是“写作训练场”“词汇学习”，最后是“读给别人听”的学生。由于只有选择“读给别人听”的学生留了下来，他们很容易找到同伴，然后走到自己的位置。以这种方式解散学生可以使大家安静地开始活动，因而不会出现急三火四的情况。

此刻，我通常从选择阅读或写作的学生中抽出几名组成小组，面对面对他们进行集中指导。今天，就不要抽取学生组成小组了，请在教室里四处走一走，跟学生一起阅读，或在写作方面帮帮他们等等。在我的办公桌上，你会看到一个棕色的波尔卡圆点笔记本，是用来记录师生交谈的。对学生进行指导的时候，你可以用这个笔记本来做辅助。笔记本里有一部分是我们为了记录每名学生的情况而制作的表格。这些表格会告诉你他们的阅读目标和写作目标是什么，以及在对他们进行指导的时候我一直在用的教学策略。与学生交谈的时候，笔记本里与他们有关的师生交谈页面可以引导你与他们的会话。不要客气，请在师生交谈页面记上两三笔。你的输入颇受珍视。

请在“词汇学习”这一领域花点时间对学生进行指导。我们现在正在为年龄最小的学生提供关于如何书写字母的指导，并了解哪些词他们一看即懂。

在运行“每天阅读五项”时，请优先花 2 到 4 分钟的时间对下列学生进行指导：杰西、玛丽亚和特利文。你可以从他们的师生交谈页面看到我们正在努力做的事情。在时间允许的时候对其他学生进行阅读方面的指导。

大约在 20 到 25 分钟以后，或者有迹象表明学生已失去耐性或注意力的时候，触动风铃（在我办公桌左边的方形架子上）。把学生召回到教室里铺绿色地毯的地方。我通常是在这里上焦点课。但是，你作为嘉宾教师，可以让三四名学生为全班学生示范这个星期要用到的阅读策略，或者以分享某种写作策略为内容上一堂焦点课。

然后，把上述程序重复一遍，让学生为“每天阅读五项”的第二轮运行做出选择，并把他们的选择记录在笔记板上。这一次，他们必须做出新的选择。按照上文描述的顺序将学生解散。你得继续在教室里四处走动，对不同的学生进行指导。

大约在 20 至 25 分钟以后，或者当学生的耐性逐渐减弱的时候，再一次触动风铃把他们召回到铺有绿色地毯的地方，把图架边上的棕色小椅子后面的几首诗读一遍。看一看学生是否能从集合处的白板上找到那些新的、一看即懂的词。

让学生为“每天阅读五项”的第三轮运行进行登记，并把他们的选择记录在笔记板的下一栏里。这一次，他们做出的选择必须与前两次不同。按照上文描述的顺序将全体学生解散。你还得在学生中间四处走动，与学生单独交谈。大约 20 分钟之后触动风铃，把学生请回集合处。

我们以“分享时间”结束上午的活动。有些学生也许想与别人分享自己写的东西，有些学生也许想与别人分享某种阅读策略或者一篇阅读材料。

学生训练有素，他们不仅会告诉你如何运行“每天阅读五项”，而且尤其是你在任何一方面偏离了他们已彻底内化的常规学习活动的时候，他们或许会告诉你如何运行这一项目。你如果有什么问题，请不要客气，可以问教室里的任何学生。

写作工作室：在开始讲授之前，你也许要预习一下要授课的内容。讲授时间不应超过 10 分钟，然后学生就开始独立写作。在与学生单独交谈的时候，请用师生交谈笔记本引导你的思路。然后，把学生召回到集合处，在准备吃午餐之前留出一点时间让学生相互分享自己的学习活动。

11:47 准备吃午餐。

即使嘉宾教师完全不熟悉“每天阅读五项”这一项目，有这份计划在手，他 / 她应该能够引领我们的学生正常开展他们已经熟悉的常规学习活动。并且，如果他 / 她的指导偏离了他们的预期，学生们不会毫不犹豫把他 / 她的指导扳回正确的方向！这是真的。

新学生

我们都知道在新学生几分钟之后就要到来的时候我们在教室里忙乱地为他 / 她找一把椅子时的感觉。对于一名教师来说，新学生马上就要来了才通知我们，我们确实有些又恼火又疲惫…… 但你们能想象一下新学生的感受吗？你们当中有些人已经体验过当“新学生”时的焦虑和不安。你们当中也有人曾被指派为新学生的朋友，在课间休息时要带他 / 她转一转。无论我们有什么样的教学背景和体验，我们真的想让新学生有受欢迎和被需要的感觉。

对于我们当中的很多人来说，有新生定期流入是学校文化的常态。为了使这些新生顺利运行“每天阅读五项”而向他们提供支持，同时尊重班级里其他学生的耐性现状，并不见得会击碎我们的美梦。实际上，他们为“精耕细作”和“额外生长”提供了机会。我们这里有一些点子，可以为新生提供支持、给予已有学生一种拥有感、帮助你们保证积极心态并集中精力好好教学。

有新生来到的时候，抓住机会带领全体学生回顾一下“每天阅读五项”里的各种“独立能力图”（包括让学生示范各种可取行为）。每名学生都会从重睹各种提示物和明确回顾各图中获益。

每天指派一名或两名学生当“每天阅读五项”这一项目的助手。年龄小一些的学生开始穿背心了，让他们做助手的话很容易辨认。新生会像影子一样跟在助手后面做助手做的事情，从“登记任务选择”到“待在一个地方不动”到“收集和收好各种材料”。如果这种同伴关系发展良好并且双方都愿意，在接下来的几天里我们继续让他们搭伴儿，直到新生体验了“每天阅读五项”中的每一项和教室里的每一个位置，并培养出了自己的耐性。因为新生的耐性也许不如同龄人的强，所以当他们的耐性逐渐减弱的时候，我们经常把他们拉到一边对其进行评估，并教给他们如何选择适合自己的图书。我们发现有一点很重要，这就是我们没有一直选同一名学生与新生搭伴儿，所以新生开始认识尽可能多的同学，尽可能多的学生也开始认识这名新生。

当同一天或一周之内不止一名新学生到达时会发生什么情况？遇到这种情况时，我们就开始上一堂常规的、面向全体学生的焦点课。在已有学生登记完他们的选择并开始“每天阅读五项”的首轮运行之后，我们把新生弄到一个小组里；在“每天阅读五项”的每一轮运行中，新生都要参与学习“教授与学习独立的十个步骤”。这些新生将一起创建他们的“独立能力图”、练习各种行为和培养耐性。

学生家长

就像让学生知道他们要学习什么和为什么要学习这些东西时我们的态度非常明确一样，我们兴奋地把学生家长请进我们的教室，因为我们知道，他们越理解自己的孩子白天在学校里做的事情，在家里他们就会越支持自己的孩子。

有时候，学生家长难以理解我们对教学环境或者教学内容做出的改变。教育是为数不多的，每个人都有经验可循的几个行业之一，因为我们都上过学。我们让学生家长理解我们正在做的事情，帮助他们从一种与个人经验不同的学习方式中转变出来。学生家长有权知道自己的孩子要学什么东西，以及怎样把时间花在学习上；我们想向他们保证我们有广博的教学知识并且很关心他们的孩子。“每天阅读五项”这样的结构看起来也许迥异于他们自己的学习经历，我们就在学年之初给他们写一封信，帮我们解答他们提出的问题，驱散他们的忧虑，从而开启我们想要的那种与学生家长之间的开放交流。

以下是一封向学生家长介绍“每天阅读五项”这一项目的信函样本（在附录 H 中也可以查到）：

亲爱的学生家长及监护人：

非常欢迎你们在新学年来到我们这里！我希望你们度过了一个非常棒的夏天，并非常喜欢把宝贵的时间用来陪孩子。我知道，孩子每一年所接受的学校教育都向你们展示了新的期待，以及需要你们自己和孩子去熟悉的常规活动。在此，我把教室里的常规活动和课堂结构向你们做一介绍，以消除你们孩子的猜测，使他们能专心学习。在阅读方面，我使用的课堂结构叫作“每天阅读五项”。你们的孩子很快就会在家里谈起这一项目。此次写信的目的是向你们介绍“每天阅读五项”是什么以及我们期望你们在家里也会看到的东西。

“每天阅读五项”这一项目是一个读写结构，这一结构会教给学生如何独立学习，为他们提供终生热爱阅读和写作所需要的技能。这一项目包含五项任务，我们会分别对之进行介绍。在我们向学生介绍每项任务时，他们可以讨论独立参与这些任务看起来、听起来和感觉起来是怎么回事儿。然后，学生努力通过这一项目培养自己的耐性，直到他们能成功地独立做任务。

这五项任务是：

· 读给自己听
· 写作训练场
· 读给别人听
· 听有声读物
· 词汇学习

当所有五项任务都介绍完毕并且学生已全身心地投入阅读和写作的时候，我可以对一小组一小组学生进行指导，也可以与学生单独面谈。这一教学结构效果显著，结果神奇；学生都期待"每天阅读五项"时间的到来。

你会注意到的一件事情是，孩子带回家的习题册减少了。虽然习题册可以使学生忙碌起来，但习题册不会使你的孩子拥有我们想让他们拥有的高水平学习能力。

问一下你们的孩子关于"每天阅读五项"和"每天数学三项"的事情，看看他们会按捺不住地说什么。我料想孩子会跟你们讲全班同学一起培养耐性的事情，以及我们如何向着拥有独立学习能力这一目标而努力，或许你甚至会听到孩子在"每天阅读五项"时间里撰写、阅读或听到的一些异常有趣的事情。你们如有问题，不要客气，请联系我。

谢谢你们一贯的支持！

我们信任学生和自己的教学活动

到此刻，你们已经拥有了在教室里运作“每天阅读五项”的基本工具。花点时间启动“每天阅读五项”、让学生慢慢培养自己的耐性、知道项目运作不会马上进入完美状态（对我们来说也是如此，项目运作从未进入完美状态！），这三点会使项目运作越来越顺，使你在这一学年里从容不迫、收获多多。现在，是时候回过头来看一看支撑“每天阅读五项”的核心信念了，尤其是当中的“信任”。

在刚刚开始研发“每天阅读五项”时，我们不断反思，琢磨学生在项目运行时是否真的在阅读、写作和学习。在项目运作初期，我们不得不接受由于无法像过去那样“看清”学生在学什么而感到的不适。那些微笑的纸壳木偶不见了，成堆的活动单、表格和调查单也不见了。坦诚地说，我们相信，那些活动是不真实的，学生参加那些活动只是为了忙碌而忙碌。那些活动并不支持学生的成长，也无法表明学生是在学习，但是它们的缺席却在我们心里造成一种失衡感。

玛格丽特·穆尼曾经说过引起我们共鸣的话：“‘独立能力’与‘有责任感’同义。”她说的没错。我们用“教授与学习独立的十个步骤”这一旅程中的每一步教给学生如何培养耐性。我们为他们的学习制造了一种迫切感。我们教给他们符合期望的行为。他们能独立学习了。他们帮助我们学着信任自己的教学，这也证实了他们在能够独立学习这一点上值得信任。他们努力达到我们对他们寄予的较高期望，达到了较高的标准，开始愿意为自己的学习行为承担责任。

我们阅读各种研究资料，讨论各种研究课题；业内专家鼓励我们相信自己的教学活动，相信自己的学生，相信他们需要广泛的练习才能精通读写。现在，他们确实精通读写了。在研发和运用“每天阅读五项”教学的这些年里，你们当中有很多人已经通过学年初、学年中和学年末对学生进行的评估，分享了学生成功成长的故事。我们非常自豪，并且学生积极参与“每天阅读五项”而取得的进步使我们感到自己要更加努力。

自《每天阅读五项》这本专著的第一版出版之日起，为了自身的成长和改变，我们一直在继续学习，仍然在继续学习。这一版代表了我们当下的学术思考。非常荣幸，你们当中有很多人加入了我们。我们一起通过教与学，借着彼此的信任，为他们提供选择，给他们尊重，支持他们成为最好的阅读者和写作者。学生的改变是慢慢呈现出来的，并且正是由于你们勤勤恳恳地对学生进行指导、自觉把每一名学生和每一个班级都当成卓越的个体，我们才慢慢地，但是稳稳地对教育产生了巨大影响。

耐性图表

耐性

25										
24										
23										
22										
21										
20										
19										
18										
17										
16										
15										
14										
13										
12										
11										
10										
9										
8										
7										
6										
5										
4										
3										
2										
1										

分钟数

针对“读给自己听”的“教授与学习独立的十个步骤”

基础课

在启动“读给自己听”之前讲授这一课：

• 阅读一本书的三种方式

（注意：在启动“读给自己听”这一任务之前，我们只上一种基础课。针对这一任务的其他基础课将在启动任务期间作为焦点课来上。其他基础课列在这一页的底部。）

启动

利用“教授与学习独立的十个步骤”启动“读给自己听”：

第 1 步 明确要讲授什么：读给自己听。

第 2 步 定目标、为“读给自己听”制造迫切感：

• 这一任务是能使你更好地阅读的最佳方式。

• 这一任务很有趣。

第 3 步 在独立能力图上记录下运行“读给自己听”时的符合期望的行为。

“独立能力图”样本

读给自己听
独立

学生	教师
在整段时间里都在读 待在一个地方不动 安静地读 立即开始 努力培养阅读耐性	对学生进行指导

第 4 步 示范最可取行为。

第 5 步 示范最不可取行为，然后示范最可取行为。

第 6 步 让学生在教室里找到位置。

第 7 步 练习与培养耐性。

第 8 步 （教师）待在一边不动。

第 9 步 用轻声信号把学生召回集合处。

第 10 步 以小组为单位登记学生的任务完成情况；问学生：“练习进展得怎么样？”

其他基础课

在启动“读给自己听”时将下列基础课作为焦点课来上：

• 阅读一本书的三种方式（除了在任务启动前讲一遍，在任务启动过程中再讲一遍）

• 成功选择位置

• 我挑选适合自己的图书

针对“写作训练场”的“教授与学习独立的十个步骤”

基础课

在启动“写作训练场”之前讲授这些课：

- 在不会拼写的词下面画一横线，然后继续写
- ……备好一个笔记本
- 定下想写什么

启动

利用“教授与学习独立的十个步骤”启动“写作训练场”：

第 1 步 明确要讲授什么：写作训练场。

第 2 步 定目标、为“写作训练场”制造迫切感：

- 这一任务能帮助我们更好地写作。
- 这一任务能帮助我们更好地阅读。
- 这一任务能提高写作的流畅度。
- 这一任务很有趣。

第 3 步 在“独立能力图”上记录下运行“写作训练场”时的符合期望的行为。

“独立能力图”样本

写作训练场
独立

学生	教师
在整段时间里都在读 待在一个地方不动 安静地读 立即开始 努力培养写作耐性	对学生进行指导

第 4 步 示范最可取行为。

第 5 步 示范最不可取行为，然后示范最可取行为。

第 6 步 让学生在教室里找到位置。

第 7 步 练习与培养耐性。

第 8 步 （教师）待在一边不动。

第 9 步 用轻声信号把学生召回集合处。

第 10 步 以小组为单位登记学生的任务完成情况；问学生：“练习进展得怎么样？”

针对“读给别人听”的“教授与学习独立的十个步骤”

基础课

在启动“读给别人听”之前讲授这些课：

- 肘连肘，膝对膝
- 语声水平
- 检查自己是否明白
- 同伴之间如何读给对方听
- 如何开始
- 指导还是时间?
- 如何选择同伴

启动

利用“教授与学习独立的十个步骤”启动“写作训练场”：

第 1 步 明确要讲授什么：读给别人听。

第 2 步 定目标、为“读给别人听”制造迫切感：

- 这一任务能帮助我们改善流利程度。
- 这一任务能帮助我们练习“检查自己是否明白”和“理解”。
- 这一任务很有趣。

第 3 步 在“独立能力图”上记录下运行“读给别人听”时的符合期望的行为。

“独立能力图”样本

读给别人听
独立

学生	教师
在整段时间里都在读	对学生进行指导
待在一个地方不动	
安静地读	
立即开始	
努力培养阅读耐性	
检查自己是否明白	

第 4 步 示范最可取行为。

第 5 步 示范最不可取行为，然后示范最可取行为。

第 6 步 让学生在教室里找到位置。

第 7 步 练习与培养耐性。

第 8 步 （教师）待在一边不动。

第 9 步 用轻声信号把学生召回集合处。

第 10 步 以小组为单位登记学生的任务完成情况；问学生：“练习进展得怎么样？”

针对“听有声读物”的“教授与学习独立的十个步骤”

基础课

在启动“听有声读物”之前讲授这些基础课：

- 启动技术设备和恢复初始状态
- 聆听朗读并借助文本跟进音频播放
- 设备数量有限，使用时学生之间需公平公正

启动

利用“教授与学习独立的十个步骤”启动“听有声读物”：

第 1 步 明确要讲授什么：听有声读物。

第 2 步 定目标、为“听有声读物”制造迫切感：

- 这一任务能帮助我们更好地阅读。
- 这一任务能帮助学习和理解新词。
- 这一任务很有趣。

第 3 步 在“独立能力图”上记录下运行“读给别人听”时的符合期望的行为。

“独立能力图”样本

读给自己听
独立

学生	教师
把材料取出来在整段时间里都在听 如果时间允许，可以听另外一个故事 听的时候借助着图片或文字跟进音频播放 待在一个地方不动 安静地听 立即开始 把材料收拾好	对学生进行指导

第 4 步 示范最可取行为。

第 5 步 示范最不可取行为，然后示范最可取行为。

第 6 步 让学生在教室里找到位置。

第 7 步 练习与培养耐性。

第 8 步 （教师）待在一边不动。

第 9 步 用轻声信号把学生召回集合处。

第 10 步 以小组为单位登记学生的任务完成情况；问学生：“练习进展得怎么样？”

针对“词汇学习”的“教授与学习独立的十个步骤”

基础课

在启动“词汇学习”之前讲授这些基础课：

· 收集和清理材料

· 选择要用到的材料和词语

· 成功选择场所

启动

利用“教授与学习独立的十个步骤”启动“词汇学习”：

第 1 步 明确要讲授什么：词汇学习。

第 2 步 定目标、为“词汇学习”制造迫切感：

· 这一任务能帮助我们更好地阅读、写作和拼写。

· 这一任务很有趣。

第 3 步 在“独立能力图”上记录下运行“词汇学习”时的符合期望的行为。

第 4 步 示范最可取行为。

第 5 步 示范最不可取行为，然后示范最可取行为。

第 6 步 让学生在教室里找到位置。

第 7 步 练习与培养耐性。

第 8 步 （教师）待在一边不动。

第 9 步 用轻声信号把学生召回集合处。

第 10 步 以小组为单位登记学生的任务完成情况；问学生：“练习进展得怎么样？”

参与“词汇学习”时可供选择的材料

· 供个人使用的白板、用白板制作的桌子

· 磁铁字母

· 豆粒

· 字母图章

· 彩色马克笔

· 黏土

“独立能力图”样本

收集材料
独立

学生	教师
把材料取出来 选择一个你和别人都可以成功参与活动的地方 安静地收集材料 待在一个地方不动 立即开始	对学生进行指导

针对“词汇学习”的“教授与学习独立的十个步骤”（续）

如何使用材料
独立

学生	教师
在整段时间里都在学习 除非取材料和还材料，待在一个地方不动 在一轮运行结束之前，可以把一套材料还回去，然后再取一套 安静地学习 努力培养耐性 尽自己最大努力	对学生进行指导

清理材料
独立

学生	教师
使用材料的每一个人帮忙把材料收拾好 材料要放回原来的容器里 把材料还到原来的地方 使材料保持整洁 安静地清理材料 立即开始清理材料 迅速清理材料	对学生进行指导

成功选择场所

我们运用“逐步放手让学生承担责任”的策略，让学生在教室里找到位置。学生遵循跟“每天阅读五项”里的其他选择同样的“十个步骤”，学着利用“教授与学习独立的十个步骤”成功找到位置。

邀请嘉宾教师的计划（样本）

欢迎！非常感谢您到我们这里来！这群学生非常棒，对友好、积极的话语会做出良好的反应。他们非常有独立性，对常规学习活动也很熟悉，因此我敢肯定，一天的教学工作会进展得非常顺利。请向他们学习，尊重他们！他们是一群了不起的学生。

计划安排之一瞥

8: 40 - 8: 55	学生来到学校（开放校园）后走进教室，开始图书采购工作。
8: 55	开始上课：点名，致欢迎词，等等。
9: 00 - 9: 15	日历
9: 15 - 11: 50	“每天阅读五项”和写作训练场
11: 50 - 12: 50	午餐和休息
12: 50 - 2: 00	数学
2: 00 - 2: 30	第三板块（柔性板块：科学 / 社会科学，书法，艺术）
2: 30 - 2: 50	休息
2: 50 - 3: 20	分章节故事书
3: 20	放学

学生在 8: 40 左右或者在到达学校的时候就开始进教室。请提醒他们：（1）预订午餐；（2）在“每日一图”上登记；（3）拿好书籍收纳篮；（4）阅读或采购“适合自己的图书”。他们会忙于上述诸事，直到 8: 55 上课铃声响起。

8: 55　一天的工作开始了：请助手帮忙算一下学生预订的午餐。你要将午餐预订情况和缺席学生的名字记在出勤报告里；出勤报告放在蓝色的文件夹里。助手会将这份报告拿到学校办公室。在一整天之内，助手都会帮助你。跟学生一起回顾一下教学计划里的内容。询问学生是否可以肯定地说出自己是否已在“每日一图”上登记过。站好，升国旗，然后让助手把全班学生带到数学日历那里。

9: 00　日历：助手开始带着学生浏览日历上的活动安排。在助手管理日历时间的时候，你扮演参与者的角色。

转而与学生讨论“跟别人一起阅读”的事情：今天我们选择的作品是 ______。我们将向大家示范流利朗读和“倒回去重读”策略，以便在理解中断或者某个词读得不正确的时候检查自己是否明白。

每天阅读五项

下文所述是“每天阅读五项”这一项目的结构：

逐一念着学生的名字，让他们注意“每天阅读五项”笔记板上的内容。在笔记板上，使用我们的编码系统（R= 读给自己听，RS= 读给别人听，W= 写作训练场，WW= 词汇学习，L= 听有声读物）在学生名字后面的空框里记下他们的选择。助手会帮你记下有多少名学生选择了“读给别人听”，因为在每一轮运行中最多只能有六人选择这一任务。学生的任务登记工作一完成，立即算出选择“读给别人听”的学生的总数。这个数目必须是偶数，不然某一名学生将不得不改变自己的选择。按下面的顺序将学生解散：先是“听有声读物”，然后是“读给自己听”，接着是“写作训练场”、“词汇学习”，最后是“读给别人听”的学生。如果只有选择“读给别人听”的学生留了下来，他们很容易找到同伴，然后走到自

邀请嘉宾教师的计划（样本）（续）

己的位置。以这种方式解散学生可以使大家安静地开始活动，因而不会出现急三火四的情况。

此刻，我通常从选择阅读或写作的学生中抽出几名组成小组，面对面对他们进行集中指导。今天，就不要抽取学生组成小组了，请在教室里四处走一走，跟学生一起阅读，在写作方面帮帮他们，等等。在我的办公桌上，你会看到一个棕色的波尔卡圆点笔记本，是用来记录师生交谈的。对学生进行指导的时候，你可以用这个笔记本引导自己。笔记本里有一部分是我们为了记录每名学生的情况而制作的表格。这些表格会告诉你他们的阅读目标和写作目标是什么，以及在对他们进行指导的时候我一直在用的教学策略。与学生交谈的时候，笔记本里与他们有关的师生交谈页面可以引导你与他们的会话。不要客气，请在师生交谈页面记上两三笔。你的输入颇受珍视。

请在“词汇学习”这一领域花点时间对学生进行指导。我们现在正在为年龄最小的学生提供关于如何书写字母的指导，并了解哪些词他们一看即懂。

在运行“每天阅读五项”时，请优先花 2 到 4 分钟的时间对下列学生进行指导：杰西、玛丽亚和特利文。你可以从他们的师生交谈页面看到我们正在努力做的事情。在时间允许的时候对其他学生进行阅读方面的指导。

大约在 20 到 25 分钟以后，或者有迹象表明学生已失去耐性或注意力的时候，触动风铃（在我办公桌左边的方形架子上）。把学生召回到教室里铺绿色地毯的地方。我通常是在这里上焦点课。但是，既然你是嘉宾教师，请让三四名学生为全班学生示范这个星期要用到的阅读策略，或者以分享某种写作策略为内容上一堂焦点课。

然后，把上述程序重复一遍，让学生为“每天阅读五项”的第二轮运行做出选择，并把他们的选择记录在笔记板上。这一次，他们必须做出新的选择。按照上文描述的顺序将学生解散。你得继续在教室里四处走动，对不同的学生进行指导。

大约在 20 至 25 分钟以后，或者当学生的耐性逐渐减弱的时候，再一次触动风铃把他们召回到铺有绿色地毯的地方，把图架边上的棕色小椅子后面的几首诗读一遍。看一看学生是否能从集合处的白板上找到那些新的、一看即懂的词。

让学生为“每天阅读五项”的第三轮运行进行登记，并把他们的选择记录在笔记板的下一栏里。这一次，他们做出的选择必须与前两次不同。按照上文描述的顺序将全体学生解散。你还得在学生中间四处走动，与学生单独交谈。大约 20 分钟之后触动风铃，把学生请回集合处。

我们以“分享时间”结束上午的活动。有些学生也许想与别人分享自己写的东西，有些学生也许想与别人分享某种阅读策略或者一篇阅读材料。

学生训练有素，他们不仅会告诉你如何运行“每天阅读五项”，而且尤其是你在任何一方面偏离了他们已彻底内化的常规学习活动的时候，他们或许会告诉你如何运行这一项目。你如果有什么问题，请不要客气，可以问教室里的任何学生。

写作工作室：在开始讲授之前，你也许要预习一下要授课的内容。讲授时间不应超过 10 分钟，然后学生就开始独立写作。在与学生单独交谈的时候，请用师生交谈笔记本引导你的思路。然后，把学生召回到集合处，在准备吃午餐之前留出一点时间让学生相互分享自己的学习活动。

11:47 准备吃午餐。

写给学生家长的信（样本）

亲爱的学生家长及监护人：

非常欢迎你们在新学年来到我们这里！我希望你们度过了一个非常棒的夏天，并非常喜欢把宝贵的时间用来陪孩子。我知道，孩子每一年所接受的学校教育都向你们展示了新的期待，以及需要你们自己和孩子去熟悉的常规活动。在此，我把教室里的常规活动和课堂结构向你们做一介绍，以消除你们孩子的猜测，使他们能专心学习。在阅读方面，我使用的课堂结构叫作“每天阅读五项”。你们的孩子很快就会在家里谈起这一项目。此次写信的目的是向你们介绍“每天阅读五项”是什么以及我们期望你们在家里也会看到的东西。

“每天阅读五项”这一项目是一个读写结构，这一结构会教给学生如何独立学习，为他们提供终生热爱阅读和写作所需要的技能。这一项目包含五项任务，我们会分别对之进行介绍。在我们向学生介绍每项任务时，他们可以讨论独立参与这些任务看起来、听起来和感觉起来是怎么回事儿。然后，学生努力通过这一项目培养自己的耐性，直到他们能成功地独立做任务。

这五项任务是：

- 读给自己听
- 写作训练场
- 读给别人听
- 听有声读物
- 词汇学习

当所有五项任务都介绍完毕并且学生已全身心地投入阅读和写作的时候，我可以对一小组一小组学生进行指导，也可以与学生单独面谈。这一教学结构效果显著，结果神奇；学生都期待“每天阅读五项”时间的到来。

你会注意到的一件事情是，孩子带回家的习题册减少了。虽然习题册可以使学生忙碌起来，但习题册不会使你的孩子拥有我们想让他们拥有的高水平学习能力。

问一下你们的孩子关于“每天阅读五项”和“每天数学三项”的事情，看看他们会按捺不住地说什么。我料想孩子会跟你们讲全班同学一起培养耐性的事情，以及我们如何向着拥有独立学习能力这一目标而努力，或许你甚至会听到孩子在“每天阅读五项”时间里撰写、阅读或听到的一些异常有趣的事情。你们如有问题，不要客气，请联系我。

谢谢你们一贯的支持！

启动“每天阅读五项”和“理解、准确、流畅暨词汇扩展”的授课计划

课程结构包括以下各部分：

基础课

大脑休息

焦点课：阅读技巧 / 策略

焦点课：你个人的阅读技巧 / 策略

分享

重温

（所有的时间都是大致的安排。请根据需要进行调整；
不适合今天做的事情可以挪到明天。）

第 1 天

8: 45 基础课 读给自己听：阅读一本图书的三种方式（参见第五章）教给学生阅读一本书的头两种方法 —— 阅读图画和阅读文字；将“复述故事”留着下一堂课上。介绍教师想引起学生注意时使用的轻声信号。我们使用风铃。让学生知道使用风铃的目的和风铃的响声。

8: 53 大脑休息 （约 3 分钟）请学生站起来走向他人，并告诉对方阅读图书的一种方法。做完这件事以后，或者听到那个轻声信号时，学生们将返回集合处。

8: 55 介绍“读给自己听”；利用“教授与学习独立的十个步骤”（参见第五章）

1. “今天我们要学着‘读给自己听’。”(创建“独立能力图”)
2. “因为‘读给自己听’是我们学会读书的最佳方法，并且这一任务很有趣，所以我们要学着‘读给自己听’。”（把这些内容写在“独立能力图”的顶部。）
3. 把对学生的成功来说最重要的两种行为记录在“独立能力图”上。
   - 在整段时间里都在读
   - 待在一个地方不动
   - 立即开始
   - 安静地读
   - 培养耐性
4. 让贾克森示范最可取行为。在他示范的时候，复习一下“独立能力图”上的内容，并问学生：“如果贾克森这么做的话，他能更好地阅读吗？”
5. 让奥利维娅示范最不可取行为。复习“独立能力图”上的内容，并问学生：“如果奥利维娅这么做的话，她能更好地阅读吗？”，然后请她示范最可取行为。再复习“独立能力图”上的内容，并问学生同样的问题：“如果奥利维娅这么做的话，她能更好地读书吗？”
6. 让学生在教室里找到位置。

启动“每天阅读五项”和“理解、准确、流畅暨词汇扩展”的授课计划（续）

7. 练习与培养耐性；看看学生能否持续 3 分钟，但一发现学生的耐性消失就立刻停止。
8. （教师）待在一边不动。
9. 当学生的耐性消失时，发出信号把学生召回集合处。
10. 以小组为单位登记学生的任务完成情况并填写耐性图。（参见第三章）

9: 20 基础课 读给自己听：我挑选适合自己的图书。（参见第五章）

9: 30 复习 复习与“读给自己听”有关的“独立能力图”上的内容、让学生再练习。

- 如果学生在第一次练习的时候其耐性没能保持 3 分钟，这一次让他们试着做到；或者让他们试着保持 4 分钟的耐性。我们非常想让学生迅速培养起耐性，但最终的目标是让学生每练习一次其耐性增加 1 分钟。如果我们过快地培养他们的耐性，由此培养起来的耐性也可能不会持久。
- 教师一定待在一边别动，一发现学生的耐性消失便立即把他们召回集合处。
- 以小组为单位登记学生的任务完成情况；问学生：“练习进展得怎么样？”；填写耐性图（参见第三章）。

9: 45 基础课 读给别人听：检查自己是否明白（参见第六章）

9: 55 大脑休息（唱歌）

10: 00 焦点课 阅读技巧 / 策略：让学生了解“理解、准确、流畅暨词汇扩展”公告牌上的内容 / 复习“检查自己是否明白”这一策略。选出一名学生，让他 / 她把这项策略写到一张卡片上，然后把卡片张贴到“理解、准确、流畅暨词汇扩展”公告牌上。

10: 10 基础课 读给自己听：复习阅读一本书的头两种方法，并把阅读一本书的第三种方式加进来。向学生示范“复述故事”；被复述的故事从以前读过的材料中撷取。教师复述第一页和第二页。号召学生复述剩下的页面。将“复述故事”添加到与“阅读一本书的三种方式”有关的“独立能力图”里。

10: 20 大脑休息 请学生转向身边的人，与其讨论阅读一本书的三种方式。

10: 25 复习 重温我们今天所做的事情，落实明天要做的事情。“今天，你们在做“读给自己听”时耐性保持了 ____ 分钟。明天我们将尝试着把耐性保持 ____ 分钟。你们认为我们能做到吗？我也认为我们可以做到！我非常激动，因为你们会读得非常好。”

教师的反思笔记： 第一天非常成功。在第一次练习培养耐性的时候，我这里有一名学生试图跟身边的同学说话。其他学生都在聚精会神地做任务，但是我知道我不能对这名学生不闻不问，于是我使用信号把学生召回集合处。他们回到集合处之后，我们复习了“独立能力图”上的内容，并强调了其中的“在整段时间里一直在读”和“待在一个地方不动”这两项。我们在耐性图上写下了比 1 分钟少一点的时间，这反映的是他们保持耐性的时间。我也问学生他们是否知道什么是“水泡空间”。我解释道，当你找到一个地方坐下来学习的时候，要假装在你身边有个水泡，这就是你的“水泡空间”。我们不想太靠近他人，否则他的水泡就会破裂。第二轮耐性培养比第一轮成功多了，学生的耐性保持了 3 分钟。明天我将让杰弗里帮我示范某些行为。

启动“每天阅读五项”和“理解、准确、流畅暨词汇扩展”的授课计划（续）

第 2 天

8: 45 复习 复习与“读给自己听”有关的“独立能力图”上的内容，并培养学生的耐性。

- 复习“独立能力图”上的内容，让一名学生（哈德利或者格里芬）正确示范上面记录的行为。问学生：“如果 ________ 这么做，他 / 她能更好地阅读吗？”
- 让杰弗里先以错误的方式示范这些行为，然后再正确示范一遍。问学生：“如果杰弗里这么做，他能更好地阅读吗？”
- 培养学生的耐性。试着让学生的耐性保持 4 分钟。教师一定要待在一边。
- 以小组为单位登记学生的任务完成情况；问学生：“练习进展得怎么样？”；填写耐性图（参见第三章）。

9: 05 基础课 读给自己听：重温“阅读一本书的三种方式”（第五章）和“我挑选适合自己的图书”（第五章）

9: 15 再次培养学生在“读给自己听”方面的耐性。

- 试着让学生的耐性保持 5 分钟，或者比上一次练习时多 1 分钟。
- 以小组为单位登记学生的任务完成情况；问学生：“练习进展得怎么样？”；填写耐性图（参见第三章）。

9: 25 基础课 写作训练场：在……的词下面划线（参见第五章）

9: 35 大脑休息（唱歌）

9: 40 基础课 写作训练场：备好一个笔记本（参见第六章）

9: 50 大脑休息（读诗）

9: 55 基础课 词汇学习：收集材料（参见第六章）

10: 05 大脑休息 （讲故事）

10: 10 基础课 读给别人听：肘连肘，膝对膝（参见第六章）（在我们教给学生这些基础课的时候，他们将其当作提醒信息来练习，但是直到所有的基础课都已教给他们并且他们已经练习过，他们才会做“读给别人听”这一任务。）

10: 20 大脑休息（手舞足蹈）

10: 25 复习 重温我们今天所做的事情，落实明天要做的事情。“今天，你们在做“读给自己听”时耐性保持了 _____ 分钟。明天我们将尝试着把耐性保持 ____ 分钟。你们认为我们能做到吗？我也认为我们可以做到！我为你们的勤奋感到自豪！”

教师的反思笔记：今天，在第一次尝试的时候，全体学生本来可以将耐性保持 4 分钟，但是杰弗里又表现出很吃力的样子，我只得把所有人召回集合处。我们重访了“独立能力图”；第二次，我们尝试着将耐性保持 4 分钟，这一次他们成功了。我希望全体学生明天能将耐性培养至 6 分钟。我注意到，当我把运动加进大脑休息的时候，大脑休息的效果更好。我会把诗歌图放在教室后边；等我们想读诗的时候，就到教室后边去。几天以后，我班上的学生会去一趟图书馆，所以我想再上一堂关于“适合自己的图书”

启动“每天阅读五项”和“理解、准确、流畅暨词汇扩展”的授课计划（续）

的基础课和一两堂关于“我挑选”的基础课，这样他们在挑选图书的时候就能用上这些信息。到时候，我也许会让几名学生向全班学生示范自己是如何选择图书的。

第 3 天

8: 45 基础课 读给自己听：“阅读一本书的三种方式”和“我挑选适合自己的图书”

8: 55 复习 复习与“读给自己听”有关的“独立能力图”上的内容，并培养学生的耐性。

- 复习“独立能力图”上的内容，并让一名学生正确示范上面的行为。（艾迪林）
- 让特伦顿先以错误的方式示范“独立能力图”上的行为，然后再让他正确示范一遍。
- 培养学生的耐性：试着让学生的耐性保持 5 分钟，或者比上一次练习时多 1 分钟。教师一定要待在一边。
- 以小组为单位登记学生的任务完成情况；问学生：“练习进展得怎么样？”；填写耐性图（参见第三章）。

9: 15 基础课 读给自己听：我挑选适合自己的图书（第五章）

9: 25 再次让学生培养在“读给自己听”方面的耐性。

- 试着让学生的耐性比昨天多保持 1 分钟。
- 以小组为单位登记学生任务完成情况；问学生：“练习进展得怎么样？”；填写耐性图（参见第三章）。

9: 35 基础课 写作训练场：在……的词下面划线（参见第五章）

9: 45 大脑休息（唱歌）

9: 50 基础课 读给别人听：复习“肘连肘，膝对膝”/“我读，你也读”（参见第六章）

10: 00 大脑休息（读诗）

10: 05 基础课 词汇学习：收集和清理材料（参见第六章）

10: 15 大脑休息 （唱歌）

10: 20 焦点课 阅读技巧 / 策略：倒回去重读（指的是《理解、准确、流畅暨词汇扩展》（波什、莫瑟，2009）中的“现有参考指南”）

10: 25 复习 重温我们今天做的事情，落实明天要做的事情。“今天，你们在做“读给自己听”时耐性保持了 _____ 分钟。明天我们将尝试着把耐性保持 _____ 分钟。你们认为我们能做到吗？我也认为我们可以做到！我们会读得非常好！”

教师的反思笔记：今天我们非常成功！第一次培养耐性的时候，全班学生将耐性保持了 5 分钟；第二次，保持了六分钟。我是明确按照“十个步骤”来操作的，所以在课间休息的时候我让杰弗里到我这里练习了几分钟。我们一起复习了“独立能力图”里的内容，他成功地将耐性保持了 3 分钟，然后我让他出去休息。我希望这样做对他明天的耐性培养有益。如果今天的练习对明天的耐性培养没有效果，我会让他在休息时间再练习上几分钟。今天我的时间有点不够用，所以不得不把讲授“理解、准确、流畅暨词汇

启动“每天阅读五项”和“理解、准确、流畅暨词汇扩展”的授课计划（续）

扩展”策略的课缩短。明天我会再讲一遍“理解、准确、流畅暨词汇扩展”策略，并让某名学生创建一张策略卡片。现在，我想落实明天能否再上一堂关于“我挑选”的课，其目的是为学生去图书馆挑选图书做准备。明天的目标是让学生的耐性保持 8 分钟和 9 分钟。

第 4 天

8: 45 基础课 读给自己听 我挑选适合自己的图书（参见第五章）。把在网站上找到的书签分发给学生。鼓励学生今天在图书馆寻找图书的时候运用他们学过的知识。

8: 55 复习 复习与“读给自己听”有关的“独立能力图”上的内容，并培养学生的耐性。

- 回顾“独立能力图”上的内容。讨论阅读的时候如何为自己选择位置（水泡空间）。
- 让学生选择阅读时的位置。培养学生的耐性。试着让学生的耐性保持比昨天多 1 分钟。教师一定要待在一边。
- 以小组为单位登记学生的任务完成情况；问学生：“练习进展得怎么样？”；填写耐性图（参见第三章）。

9: 10 基础课 写作训练场：在……的词下面划线 / 定下想写什么（参见第五章）。

9: 20 培养学生在“读给自己听”方面的耐性。

- 试着让学生的耐性保持比今天早些时候多 1 分钟。
- 以小组为单位登记学生的任务完成情况；问学生：“练习进展得怎么样？”；填写耐性图（参见第三章）。

9: 35 基础课 读给别人听：我读，你也读（参见第六章）。

9: 45 大脑休息 （唱歌）

9: 50 基础课 读给自己听：如何采购图书（参见第五章）。

- 重温我们对学生的课堂表现的期待

10: 00 大脑休息（读诗）

10: 05 基础课 词汇学习：复习“收集和清理材料”（参见第六章）

- 教给学生如何“选择要用到的材料和词语”

10: 15 大脑休息（唱歌）

10: 20 焦点课 阅读技巧 / 策略：倒回去重读（指的是《理解、准确、流畅暨词汇扩展》中的“现有参考指南”）

- 复习这一策略，并让某名学生将这一策略写到一张卡片上，然后把这张卡片添加到“理解、准确、流畅暨词汇扩展”公告牌上。

10: 30 复习 重温我们今天所做的事情，落实明天要做的事情。“今天，你们在做‘读给自己听’时耐性持续了 ____ 分钟。你们也能为自己选择位置了。明天我们将尝试着把耐性保持 ____ 分钟。明天我们还将介绍‘每天阅读五项’里的下一项任务 —— 写作训练场！”

启动“每天阅读五项”和“理解、准确、流畅暨词汇扩展”的授课计划（续）

教师的反思笔记： 今天的耐性培养很成功！杰弗里表现不错；当他的耐性培养达到要求时，他非常自豪。我非常高兴，因为在学生去图书馆之前我给他们上了关于“适合自己的图书”和“我挑选”的课，这确实对我的学生有帮助。我上的关于图书采购的课拖得有点长，但我知道对这个班级的学生来说，这么做是必要的。明天我将介绍“写作训练场”这一任务。

第 5 天

8: 45 基础课 读给自己听：复习“我挑选适合自己的图书”和“阅读一本书的三种方式”。

8: 55 复习 复习与“读给自己听”有关的“独立能力图”上的内容，并培养学生的耐性。

- 复习“独立能力图”上的内容。
- 培养学生的耐性。试着让学生的耐性保持 10 分钟，或者比昨天多 1 分钟。这一次，与学生交谈一下，以对其进行评估和为其设定目标。
- 以小组为单位登记学生的任务完成情况；问学生：“练习进展得怎么样？”；填写耐性图（参见第三章）。

9: 10 利用“教授与学习独立的十个步骤”介绍“写作训练场”。

1. “今天我们将学着做‘写作训练场’这一任务。”（创建“独立能力图”）
2. “今天学着做‘写作训练场’这一任务，因为它能帮助我们更好地阅读和写作，并且它很有趣！”（把这些内容写在“独立能力图”的顶部。）
3. 把对学生的成功来说最重要的五种行为记录在“独立能力图”上。
   - 在整段时间里都在写
   - 待在一个地方不动
   - 立即开始
   - 安静地写
   - 培养耐性
4. 请卡姆登示范最可取行为。在他示范的时候，复习一下“独立能力图”上的内容，并问学生：“如果卡姆登这么做的话，他能很好地写作吗？”
5. 请詹妮亚示范最不可取行为。在她示范的时候，复习一下“独立能力图”上的内容，并问学生：“如果詹妮亚这么做的话，她能很好地写作吗？”，然后再让她示范最可取行为。复习一下“独立能力图”上的内容，并问学生同一问题：“如果詹妮亚这么做的话，她能很好地写作吗？”
6. 让学生在教室里找到位置。
7. 练习与培养耐性。
8. （教师）待在一边不动。
9. 当学生的耐性消失的时候，发出信号。
10. 以小组为单位登记学生的任务完成情况；问学生：“练习进展得怎么样？”；填写耐性图（参

启动“每天阅读五项”和“理解、准确、流畅暨词汇扩展”的授课计划（续）

见第三章）。

9: 25 基础课 写作训练场：想写什么（参见第六章）

9: 35 复习 复习与“写作训练场”有关的“独立能力图”，让学生再次进行练习。

- 这一次，或者试着让学生的耐性保持得与上一次练习时一样长，或者我会鼓励他们试着让自己的耐性保持比上一次练习时多 1 分钟。
- 教师一定要待在一边；学生的耐性一消失就把他们召回集合处。
- 以小组为单位登记学生的任务完成情况；问学生：“练习进展得怎么样？”；填写耐性图（参见第三章）。

9: 50 基础课 读给别人听：复习“肘连肘，膝对膝”和“我读，你也读”（参见第六章）

10: 00 大脑休息（唱歌）

10: 05 焦点课 阅读技巧 / 策略：复习“检查自己是否明白”（参见第六章）

10: 15 大脑休息（读诗）

10: 20 分享 允许几名学生有机会与大家分享他们在运行“每天阅读五项”时都做了哪些事情。

10: 25 复习 重温我们今天所做的事情，落实明天要做的事情。“今天，你们在做‘读给自己听’时耐性保持了 _____ 分钟；我们也学习了如何做‘写作训练场’这一任务。在做‘写作训练场’时，我们的耐性甚至保持了 _____ 分钟。你们非常棒！加油！”

教师的反思笔记：第一次“写作训练场”时间结束后，我把学生召回集合处的时候，实际上他们发牢骚了。詹妮亚写起来很吃力，所以我需要约她讨论一下关于选择写什么的问题。我们列出的可以写的领域充满了非常棒的思想。最后，我会将 www.thedailycafe.com 上的写作日历介绍给学生，那样他们也可以把网站上提供的思想作为选题范围。在分享环节，我的时间不够用，因为我的“阅读技巧 / 策略”课拖得有点长了。我需要做到不把分享环节砍掉，因为这一环节对学生的成功非常重要。

第 6 天

8: 45 焦点课 阅读技巧 / 策略：运用此前获得的知识跟当下的在读文本建立起联系（运用《理解、准确、流畅暨词汇扩展》中的“现有参考指南”）

8: 55 读给自己听 耐性培养 —— 20 分钟？这个目标确实比昨天长 1 分钟；你面前的这个班级应该具有这种潜力。

- 在学生培养阅读耐性的时候，单独跟学生交谈一下以便对其进行评估，并为其设定目标。
- 当学生的耐性开始减弱的时候，发出信号把他们召回集合处。
- 以小组为单位登记学生的任务完成情况；问学生：“练习进展得怎么样？”；填写耐性图（参见第三章）。

9: 10 基础课 核心信念：复习“风铃响声信号”和“大脑和身体需要休息之际的转换活动”（参见第二章）

- 创建一份“独立能力图”，其内容是当学生回到和离开自己选择的学习空间时，教室里看起来

启动“每天阅读五项”和“理解、准确、流畅暨词汇扩展”的授课计划（续）

和听起来应该是什么样子。

9: 20 复习 复习与“写作训练场”有关的“独立能力图”上的内容，并培养学生的耐性。

- 复习“独立能力图”上的内容，并让一名学生正确示范上面的行为（纳塔莉）。然后问学生：“如果娜塔莉这么做的话，她能更好地写作吗？”
- 让塞思以错误的方式示范“独立能力图”上的行为，然后再让他正确示范这些行为，在每次尝试后问学生：“如果塞思这么做的话，他能更好地写作吗？”
- 培养学生的耐性。试着让学生的耐性保持比昨天写作时长 1 分钟。教师一定要待在一边。
- 以小组为单位登记学生的任务完成情况；问学生：“练习进展得怎么样？”；填写耐性图（参见第三章）。

9: 35 焦点课 阅读技巧 / 策略

- 把“检查自己是否明白”和“倒回去重读”结合起来（运用《理解、准确、流畅暨词汇扩展》中的“现有参考指南”）

9: 45 再次培养学生的写作耐性

- 试着让学生的耐性保持比今天早些时候长 1 分钟。
- 以小组为单位登记学生的任务完成情况；问学生：“练习进展得怎么样？”；填写耐性图（参见第三章）。

9: 55 基础课 听有声读物：启动技术设备（参见第六章）

- 向学生介绍“听有声读物”的设备；使用投影仪向学生展示如何登录“听有声读物”的各个网站以及登录后的操作。

10: 05 大脑休息（唱歌）。

10: 10 焦点课 你个人的阅读技巧 / 策略：此时，我们教给学生我们班或者我们年级特定的阅读策略或者我们地区或者教育委员会要求我们教给学生的阅读策略。我们自“理解、准确、流畅暨词汇扩展”菜单撷取要教给学生的策略，并使用与这些策略相对应的资源。在此，你们也许想使用自己的特定资源；这里也正是使用这些资源的地方。

10: 22 分享 允许几名学生有机会与大家分享他们在运行“每天阅读五项”时都做了哪些事情。

10: 30 复习 重温我们今天做的事情，落实明天要做的事情。

教师的反思笔记：今天的基础课是为学生明天去电脑实验室做准备的，到时候他们就自己登录这个网站。在“听有声读物”在我们教室里启动之前，我会提前教给学生做“听有声读物”时可以选择的网站。今天，在耐性培养方面，杰弗里又显得很吃力，所以我表示约他明天在做“读给自己听”时和他沟通一下，并且我们要一起设定一个行为目标。在把“写作训练场”笔记本翻到正确的页面时，学生做得很慢，所以明天我要向他们示范如何为页面加上标记并快速翻到自己想找的页面。

启动“每天阅读五项”和“理解、准确、流畅暨词汇扩展”的授课计划（续）

第 7 天

8: 45 焦点课 你个人的阅读技巧 / 策略：运用此前获得的知识跟当下的在读文本建立起联系（运用《理解、准确、流畅暨词汇扩展》中的“现有参考指南”）选出一名学生，让他 / 她把这项策略写到一张卡片上，然后把卡片张贴到“理解、准确、流畅暨词汇扩展”公告牌上。

8: 55 读给自己听 耐性培养：比昨天长 1 分钟

- 在学生培养阅读耐性的时候，单独跟学生交谈一下以对其进行评估，并为其设定目标。
- 当学生的耐性减弱的时候，发出信号把他们召回集合处。
- 以小组为单位登记学生的任务完成情况；问学生：“练习进展得怎么样？”；填写耐性图（参见第三章）。

9: 10 基础课 写作训练场：在笔记本里找一个地方，并在那里做上标记。教给学生在他们所写东西的最上方注上日期。复习“如何选择话题”和“立即开始”。

9: 20 复习 复习与“写作训练场”有关的“独立能力图”上的内容，并培养学生的耐性。

- 复习“独立能力图”上的内容，并让一名学生正确示范上面的行为。
- 如果学生想再看一遍别人所做的示范，那就请一名学生先以错误的方式示范这种行为，然后再让他正确示范这种行为。你们也许想略去不正确的示范。
- 培养学生的耐性。把写作耐性的目标设定得比以前长 1 分钟；教师一定要待在一边。
- 以小组为单位登记学生的任务完成情况；问学生：“练习进展得怎么样？”；填写耐性图（参见第三章）。

9: 35 焦点课 阅读技巧 / 策略：调整到有趣的词汇上去（运用《理解、准确、流畅暨词汇扩展》中的“现有参考指南”）。

9: 45 再次培养学生的写作耐性。

- 试着让学生的耐性保持 9 分钟，或者比昨天长 1 分钟。
- 以小组为单位登记学生的任务完成情况；问学生：“练习进展得怎么样？”；填写耐性图（参见第三章）。

9: 55 焦点课 你个人的阅读技巧 / 策略：此时，我们教给学生我们班或者我们年级特定的阅读策略或者我们地区或者教育委员会要求我们教给学生的阅读策略。我们自“理解、准确、流畅暨词汇扩展”菜单撷取要教给学生的策略，并使用与这些策略相对应的资源。在此，你们也许想使用自己的特定资源；这里也正是使用这些资源的地方。

10: 05 大脑休息（唱歌）

10: 10 焦点课 阅读技巧 / 策略：复习“检查是否明白”和“我读，你也读”。使用一枚由塑料制成的对号（“√”），并展示当你做“读给别人听”时“检查自己是否明白”这一策略看起来是怎么回事儿。号召学生起来示范这一策略；在我示范了“检查是否明白”之后，让学生轮流起来示范。

10: 22 分享 允许几名学生有机会与大家分享他们在运行“每天阅读五项”时都做了哪些事情。

启动“每天阅读五项”和“理解、准确、流畅暨词汇扩展”的授课计划（续）

10: 30 复习 重温我们今天所做的事情，落实明天要做的事情。

教师的反思笔记：向学生展示如何快速翻到自己想开始写东西的页面帮了学生大忙。我跟杰弗里谈过了；在我们培养他耐性的时候，我会在跟其他学生交谈的间隙记录他的耐性培养情况。等看到他越来越成功的时候，我会逐渐减少登记他的耐性培养情况。明天，在把词汇策略加到“理解、准确、流畅暨词汇扩展”公告牌上以后，我会试着表演“请猜一下我的策略”，那样的话，如何一起使用这些策略就会更加清楚。

第 8 天

8: 45 焦点课 阅读技巧 / 策略：调整到有趣的词汇上去（运用《理解、准确、流畅暨词汇扩展》中的“现有参考指南”）。请一名学生把这项策略写到一张卡片上，然后把卡片张贴到“理解、准确、流畅暨词汇扩展”公告牌上。

8: 55 读给自己听耐性培养

- 在学生培养阅读耐性的时候，单独跟学生交谈一下以对其进行评估，并为其设定目标。
- 当学生的耐性减弱的时候，发出信号把他们召回集合处。
- 以小组为单位登记学生的任务完成情况；问学生：“练习进展得怎么样？”；填写耐性图（参见第三章）。

9: 15 焦点课 阅读技巧 / 策略：表演“请猜一下我的策略”

9: 25 复习 复习与“写作训练场”有关的“独立能力图”上的内容，并培养学生的耐性。

- 复习“独立能力图”上的内容。
- 试着让学生的耐性保持比昨天长 1 分钟。
- 跟学生单独交谈以对其进行评估，并为其设定目标。
- 以小组为单位登记学生的任务完成情况；问学生：“练习进展得怎么样？”；填写耐性图（参见第三章）。

9: 40 基础课 读给别人听：如何选择同伴（一定要讨论“说话的语调”）（参见第六章）

9: 50 大脑休息（讲故事）

9: 55 基础课 读给别人听：指导还是时间？（参见第六章）

10: 05 大脑休息（唱歌）

10: 10 焦点课 你个人的阅读技巧 / 策略：此时，我们教给学生我们班或者我们年级特定的阅读策略或者我们地区或者教育委员会要求我们教给学生的阅读策略。我们自“理解、准确、流畅暨词汇扩展”菜单撷取要教给学生的策略，并使用与这些策略相对应的资源。在此，你们也许想使用自己的特定资源；这里也正是使用这些资源的地方。

10: 15 大脑休息（读诗）

10: 20 分享 允许几名学生有机会与大家分享他们在运行“每天阅读五项”时都做了哪些事情。

启动“每天阅读五项”和“理解、准确、流畅暨词汇扩展”的授课计划（续）

10: 25 复习 重温我们今天所做的事情，落实明天要做的事情。

教师的反思笔记：杰弗里今天的表现非常好！在学生运行“读给自己听”和“写作训练场”时，我记录了三次他的情况，他非常成功。明天我还会这么做，并看一看他是否能把这种成功的状态坚持下来。学生们喜欢表演“请猜一下我的策略”，这一方法我肯定还会使用的。

第 9 天

介绍“选择权”！

8: 45 焦点课 阅读技巧/策略：阅读适合自己难度的图书（运用《理解、准确、流畅暨词汇扩展》中的“现有参考指南”）。

8: 55 “每天阅读五项”的第一轮运行—— 介绍选择权！“同学们，今天我特别激动。你们学会了在做‘读给自己听’和‘写作训练场’时独立地参与活动。今天你们完全可以自己掌管做这两项任务的顺序。你们当中的一些人也许会选择先做‘读给自己听’；另一些人也许会选择先做‘写作训练场’。你们都知道为何要做每一项选择以及如何独立地做任务。我相信你们在努力做‘每天阅读五项’里的每项任务时，都会像学习和练习这些任务时那样独立。”

- 让学生闭上眼睛想象一下自己阅读或写作时的情形，并让他们想一下自己愿意先做哪项任务。
- 告诉学生做好准备。在我念到他们的名字时，他们要么说“读给自己听”，要么说“写作训练场”。在他们大声说出自己的选择时，请将其记在登记表上。（参见第七章）
- 到此时为止，很多班级的学生已经能独立地学习 15 分钟。此时，跟学生单独交谈一下，以对其进行评估，并为其设定目标。
- 当学生的耐性消失的时候，发出信号把他们召回集合处。
- 以小组为单位登记学生的任务完成情况；问学生：“练习进展得怎么样？”；填写耐性图（参见第三章）。

9: 20 基础课 读给别人听：回顾“指导还是时间？”

9: 30 “每天阅读五项”的第二轮运行

- 带领学生重温在“每天阅读五项”的第一轮中他们能自己选择时是多么激动。提醒他们此时的两项选择是“读给自己听”和“写作训练场”。
- “你们又要开始登记了。请做好准备；在我念到你们的名字时，你们要么说‘读给自己听’，要么说‘写作训练场’，但必须是上一次你没选择的任务。”
- 号召学生对任务进行选择，并使用登记表将他们的选择记下来。如果他们两次选的是同一任务，温和地提醒他们去选另一项。
- 培养学生的耐性。鼓励学生努力将耐性保持到比上一轮多 1 分钟。
- 跟学生单独交谈一下，以对其进行评估，并为其设定目标。
- 当学生的耐性减弱的时候，发出信号把他们召回集合处。

启动"每天阅读五项"和"理解、准确、流畅暨词汇扩展"的授课计划（续）

- 以小组为单位登记学生的任务完成情况；问学生："练习进展得怎么样？"；填写耐性图（参见第三章）。

9: 50 基础课 读给别人听：回顾（从昨天学过的内容里）"如何选同伴"，并提醒学生注意说话音量和语调（参见第六章）

10: 00 大脑休息（讲故事）

10: 05 焦点课 你个人的阅读技巧/策略：此时，我们教给学生专门针对我们班、我们年级或者我们地区或者教育委员会所规定的阅读策略。我们从"理解、准确、流畅暨词汇扩展"菜单中选择要教给学生的策略，并使用与这些策略相对应的资源。在此，你们也许想使用自己的特定资源；这里也正是使用这些资源的地方。

10: 15 大脑休息（读诗）

10: 20 分享 允许几名学生有机会与大家分享他们在运行"每天阅读五项"这一项目时都做了哪些事情。

10: 25 复习 重温我们今天所做的事情，落实明天要做的事情。

教师的反思笔记：哇！学生学会了选择，非常激动！这一切非常有趣！登记他们的选择所用的时间比我预想的长了一点，但我确定，随着时间的推移，这一工作会进行得越来越快。今天，由于登记工作花的时间稍长了一点，为了确保有时间来开展分享活动，我把读诗来放松大脑的时间砍掉了。在耐性培养方面，杰弗里表现得非常好。我像昨天一样对他的耐性培养情况进行频繁登记。明天我会继续登记的，但不会像之前这么频繁了；同时，我要看一看这么做对他的耐性培养是否有帮助。

第 10 天

8: 45 焦点课 阅读技巧/策略：阅读适合自己难度的图书（运用《理解、准确、流畅暨词汇扩展》中的"现有参考指南"）。这与关于"选择适合自己的图书"的基础课一致。请一名学生把这项策略写到一张卡片上，然后把卡片张贴到"理解、准确、流畅暨词汇扩展"公告牌上。

8: 55 "每天阅读五项"的第一轮运行

- 让学生闭上眼睛想象一下自己阅读或写作时的情形，并让他们想一下自己愿意先做哪项任务。
- 告诉学生做好准备。在我念到他们的名字时，他们要么说"读给自己听"，要么说"写作训练场"。在他们大声说出自己的选择时，请将其记在登记表上。
- 学生以比昨天长 1 分钟为目标培养耐性。
- 跟学生单独交谈一下，以对其进行评估，并为其设定目标。
- 当学生的耐性减弱的时候，发出信号把他们召回集合处。
- 以小组为单位登记学生的任务完成情况；问学生："练习进展得怎么样？"；填写耐性图（参见第三章）。

9: 20 焦点课 阅读技巧/策略："检查自己是否明白"/"倒回去重读"（当同伴们一起阅读时这一策略看起来是怎么回事儿）

启动“每天阅读五项”和“理解、准确、流畅暨词汇扩展”的授课计划（续）

9: 30 “每天阅读五项”的第二轮运行

- 告诉学生：“请做好准备。在我念到你们的名字时，你们要么说‘读给自己听’，要么说‘写作训练场’，但必须是上一次你们没选择的任务。”
- 念着学生的名字，并使用登记表将他们的选择记下来。如果他们两次选的是同一任务，温和地提醒他们去选另一项。
- 培养学生的耐性。试着让学生的耐性保持比上一次练习时多 1 分钟。
- 跟学生单独交谈一下，以对其进行评估，并为其设定目标。
- 以小组为单位登记学生的任务完成情况；问学生：“练习进展得怎么样？”；填写耐性图（参见第三章）。

9: 50 焦点课 阅读技巧 / 策略：调整到有趣的词汇上去

10: 00 大脑休息（讲故事）

10: 05 焦点课 你个人的阅读技巧 / 策略：此时，我们教给学生专门针对我们班、我们年级或者我们地区或者教育委员会所规定的阅读策略。我们从“理解、准确、流畅暨词汇扩展”菜单中选择要教给学生的策略，并使用与这些策略相对应的资源。在此，你们也许想使用自己的特定资源；这里也正是使用这些资源的地方。

10: 15 大脑休息（读诗）

10: 20 分享 允许几名学生有机会与大家分享他们在运行“每天阅读五项”时都做了哪些事情。

10: 25 复习 重温我们今天所做的事情，落实明天要做的事情。

教师的反思笔记：今天，我的班级来了一名新学生。我跟她一起回顾了与“读给自己听”和“写作训练场”有关的“独立能力图”上的内容，并把她和纳塔莉搭成同伴。在每一轮运行当中，我都跟她交谈一次，以对她的情况进行登记，并与她一起回顾我们的期望值。她表现不错，似乎明白如何做这两项任务。明天，我会把她和德鲁搭成同伴。“读给别人听”的各基础课的授课都非常顺利，我计划明天向学生介绍“读给别人听”这一任务，但是我非常紧张！这一任务能起作用吗？我希望它能起作用！今天，杰弗里感觉“待在一个地方不动”对他来说有挑战性，所以我与他交谈了一下，向他介绍了可以使用工具来改善他在这方面的表现。他选择坐在柜橱边的地毯上。他选了一本“我侦探”系列的书和一个可以缓解心理压力的掌上玩具作为工具。我给了他一只秒表和一张方格纸，开始教给他把阅读时间和大脑休息时间记在方格纸上。明天我会跟他一起回顾他在方格纸上记录的内容。

第 11 天

8: 45 焦点课 阅读技巧 / 策略：复习“检查自己是否明白”并示范如何在做“读给别人听”时使用这一策略。

8: 55 “每天阅读五项”的第一轮运行

- 让学生闭上眼睛想象一下自己阅读或写作时的情形，并让他们想一下自己愿意先做哪项任务。
- 告诉学生做好准备。在我念到他们的名字时，他们要么说“读给自己听”，要么说“写作训练场”。

启动“每天阅读五项”和“理解、准确、流畅暨词汇扩展”的授课计划（续）

在他们大声说出自己的选择时，请将其记在登记表上。

- 跟学生单独交谈一下，以对其进行评估，并为其设定目标。
- 当学生的耐性减弱的时候，发出信号把他们召回集合处。
- 以小组为单位登记学生的任务完成情况；问学生：“练习进展得怎么样？”；填写耐性图（参见第三章）。

9: 20 焦点课 你个人的阅读技巧 / 策略；大脑休息 此时你可以考虑把策略课作为大脑休息的一部分。如果策略课很生动，它就可以融大脑休息和课程于一身。例如，如果在上策略课的时候学生积极地转身与同学交谈，这也许是他们在学习新东西时大脑需要休息一下。在另外一些时间，如果策略课不生动，学生也许需要伸展一下腰身或者转身跟同学聊几句来使自己的大脑更有活力。你观察一下自己的学生，便知道该不该把策略课作为休息时间的一部分。

9: 30 “每天阅读五项”的第二轮运行

- 告诉学生：“请做好准备。在我念到你们的名字时，你们要么说‘读给自己听’，要么说‘写作训练场’，但必须是上一次你们没选择的任务。”
- 号召学生对任务进行选择，并使用登记表将他们的选择记下来。如果他们两次选的是同一任务，温和地提醒他们去选另一项。
- 培养学生的耐性：试着让学生的耐性保持 20 分钟。跟学生交谈一下，以对其进行评估，并为其设定目标。
- 以小组为单位登记学生的任务完成情况；问学生：“练习进展得怎么样？”；填写耐性图（参见第三章）。

9: 55 利用“教授与学习独立的十个步骤”介绍“读给别人听”。

1. “今天我们要学着做‘读给别人听’这一任务。”（创建“独立能力图”）
2. “今天要学习‘读给别人听’，因为它能通过改善朗读的流利程度和提高我们的理解力使我们能更好地阅读，并且它很有趣！”（把这些内容写在“独立能力图”的顶部。）
3. 把对学生的成功来说最重要的五种行为记录在“独立能力图”上。
   - 在整段时间里都在阅读
   - 待在一个地方不动
   - 立即开始
   - 安静地读
   - 培养阅读耐性
4. 请欧文和马里奥示范最可取行为。在他们示范的时候，复习一下“独立能力图”上的内容，并问学生：“如果欧文和马里奥这么做的话，他们能更好地阅读吗？”
5. 请西拉和塞芙达示范最不可取行为。复习一下“独立能力图”上的内容，并问学生：“如果西拉和塞芙达这么做的话，她们能更好地写作吗？”，然后再让她们示范最可取行为。复习一下“独

启动“每天阅读五项”和“理解、准确、流畅暨词汇扩展”的授课计划（续）

立能力图”上的内容，并问学生同一问题：“如果西拉和塞芙达这么做的话，她们能更好地阅读吗？”

6. 让学生在教室里找到位置。
7. 练习与培养耐性。
8. （教师）待在一边不动。
9. 当学生的耐性消失的时候，发出信号把他们召回集合处。
10. 以小组为单位登记学生的任务完成情况；问学生：“练习进展得怎么样？”；填写耐性图（参见第三章）。

10: 10 复习 复习与“读给别人听”有关的“独立能力图”上的内容，并培养学生的耐性。

- 此刻，或者学生试着将耐性保持至跟上一次一样的分钟数，或者你鼓励他们试着将耐性再延长1分钟。
- 教师一定要待在一边，并且学生的耐性一消失就把他们召回集合处。
- 以小组为单位登记学生的任务完成情况；问学生：“练习进展得怎么样？”；填写耐性图（参见第三章）。

10: 20 分享 允许几名学生有机会与大家分享他们在运行“每天阅读五项”时都做了哪些事情。

10: 25 复习 重温我们今天所做的事情，落实明天要做的事情。

教师的反思笔记：“读给别人听”很受欢迎。他们喜爱互动。教室里变得有点吵，所以我在焦点课上回顾了这一点。学生以肘连肘，膝对膝的方式坐在一起时，我也需要设定高一点的期望值。我没有足够的时间来复习“你读，我也读”。我想，今后运行“读给自己听”和“写作训练场”的时候，我将不再把与之相关的耐性培养情况记录在方格纸上，因为学生做这两项任务时的耐性正在稳步改善，但我会记录学生做“读给别人听”时的耐性培养情况。杰弗里把自己做“读给自己听”时的耐性保持情况和使用工具的时间记录在图上；他的耐性保持至5分钟，使用工具的时间是6分钟。他能诚实地记录自己的情况，我感到非常高兴。我们讨论过了，他的目标应是如何使自己阅读的时间超过使用工具的时间。明天我们还会碰头的。

第12天

8: 45 焦点课 你个人的阅读技巧/策略；大脑休息。此时，你可以考虑把策略课作为大脑休息的一部分。如果策略课很生动，它就可以融大脑休息和课程于一身。例如，如果在上策略课的时候，学生积极地转身与同学交谈，这也许是他们在学习新东西时大脑需要休息一下。在另外一些时间，如果策略课不生动，学生们也许需要伸展一下腰身或者转身跟同学聊几句来使自己的大脑更有活力。你观察一下自己的学生，便知道该不该把策略课作为休息时间的一部分。

8: 55 “每天阅读五项”的第一轮运行

- 告诉学生做好准备。在你念到他们的名字时，他们要么说“读给自己听”，要么说“写作训练场”。

启动"每天阅读五项"和"理解、准确、流畅暨词汇扩展"的授课计划（续）

在他们大声说出自己的选择时，请将其记在登记表上。

- 学生培养耐性，以比昨天长出 1 分钟为目标培养耐性。
- 跟学生单独交谈一下，以对其进行评估，并为其设定目标。
- 当学生的耐性消失的时候，发出信号把他们召回集合处。
- 以小组为单位登记学生的任务完成情况；问学生："练习进展得怎么样？"；填写耐性图（参见第三章）。

9: 20 焦点课 你个人的阅读技巧 / 策略；大脑休息。

9: 30 "每天阅读五项"的第二轮运行

- 告诉学生："请做好准备。在我念到你们的名字时，你们要么说'读给自己听'，要么说'写作训练场'，但必须是上一次你们没选的任务。"
- 号召学生对任务进行选择，并使用登记表将他们的选择记下来。如果他们两次选的是同一任务，温和地提醒他们去选另一项。
- 学生培养耐性，以比昨天长 1 分钟为目标培养耐性。
- 跟学生单独交谈一下，以对其进行评估，并为其设定目标。
- 当学生的耐性消失的时候，发出信号把他们召回集合处。
- 以小组为单位登记学生的任务完成情况；问学生："练习进展得怎么样？"；填写耐性图（参见第三章）。

9: 55 复习 复习与"读给别人听"有关的"独立能力图"上的内容，并让学生再练习。

- 让搭成同伴的学生在教室里找到适合自己的学习场所。鼓励他们试着让自己的耐性比昨天多 1 分钟。
- 教师一定要待在一边，并且学生的耐性一消失就把他们召回集合处。
- 以小组为单位登记学生的任务完成情况；问学生："练习进展得怎么样？"；填写耐性图（参见第三章）。

10: 20 分享 允许几名学生有机会与大家分享他们在运行"每天阅读五项"时都做了哪些事情。

10: 25 复习 重温我们今天所做的事情，落实明天要做的事情。

教师的反思笔记: 全体学生在以阅读和焦点课培养耐性。今天，我们感觉把运动融入焦点课是非常合适的，这样大脑和身体的休息便可以和教师的授课联系起来。我知道，在某些时候，我需要做一下运动，比如手舞足蹈或者站好后用双手触碰脚趾，这与授课没有任何关系；但是，在很多时候，我会把"转身去和别人交谈"或者"站起来—转身—交谈"融入授课当中。此刻，我们感觉自己真在飞行；我们已经把"读给别人听" 迅速添加了进来，明天我会把"读给别人听"作为一项"选择"介绍给学生。杰弗里非常喜欢"读给别人听"，他自己在图上记录的阅读时间和工具时间直观地反映了他的学习情况；他对自己能坚持阅读 8 分钟感到诧异。

启动“每天阅读五项”和“理解、准确、流畅暨词汇扩展”的授课计划（续）

第 13 天

8: 55 “每天阅读五项”的第一轮运行 介绍“读给自己听”、“写作训练场”和“读给别人听”三项选择！

“同学们，今天我特别激动。你们学会了在做‘读给自己听’、‘写作训练场’和‘读给别人听’时独立参与活动。今天你们完全可以自己掌管做这几项任务的顺序。你们当中的一些人也许会选择先做‘读给自己听’，另一些人也许会选择先做‘写作训练场’，然而还有一些人也许会选择先做‘读给别人听’。从今天开始，在每轮运行中，我们将把选做“读给别人听”的人数限定在六人。因此，如果你选择了“读给别人听”，并且已有六人选择了这项任务，那么在这一轮中你将不得不重新选择。我们会将“每天阅读五项”这一项目运行三轮。

“你们都知道为何要做每一项选择以及如何独立地做任务。我相信你们在努力做‘每天阅读五项’里的每项任务时，都会像学习和练习这些任务时那样独立。”

- 让学生闭上眼睛想象一下自己阅读或写作时的情形，并让他们想一下自己愿意先做哪项任务。
- 告诉学生做好准备。在我念到他们的名字时，他们要么说“读给自己听”，要么说“写作训练场”，要么说“读给别人听”。在他们大声说出自己的选择时，请将其记在登记表上。
- 跟学生单独交谈一下，以对其进行评估，并为其设定目标。
- 当学生的耐性消失的时候，发出信号把他们召回集合处。
- 以小组为单位登记学生的任务完成情况；问学生：“练习进展得怎么样？”；填写耐性图（参见第三章）。

9: 20 焦点课 你个人的阅读技巧 / 策略；大脑休息。

9: 30 “每天阅读五项”的第二轮运行

- 学生登记做“读给自己听”、“写作训练场”或者“读给别人听”。如果他们两次选的是同一任务，温和地提醒他们去选另外两项中的一项。
- 跟学生单独交谈一下，以对其进行评估，并为其设定目标。
- 当学生的耐性消失的时候，发出信号把他们召回集合处。
- 以小组为单位登记学生的任务完成情况；问学生：“练习进展得怎么样？”；填写耐性图（参见第三章）。

9: 50 焦点课 你个人的阅读技巧 / 策略；大脑休息。

10: 00 “每天阅读五项”的第三轮运行

- 学生登记做“读给自己听”、“写作训练场”或者“读给别人听”。如果他们两次选的是同一任务，温和地提醒他们去选另一项。
- 跟学生单独交谈一下，以对其进行评估，并为其设定目标。
- 当学生的耐性消失的时候，发出信号把他们召回集合处。
- 以小组为单位登记学生的任务完成情况；问学生：“练习进展得怎么样？”；填写耐性图（参见第三章）。

启动“每天阅读五项”和“理解、准确、流畅暨词汇扩展”的授课计划（续）

10: 20 分享 允许几名学生有机会与大家分享他们在运行“每天阅读五项”时都做了哪些事情。

10: 25 复习 复习我们今天所做的事情，落实明天要做的事情。

教师的反思笔记：他们热爱选择。把“读给别人听”作为一项“选择”加进来似乎使“每天阅读五项”这一项目锦上添花。他们感到能有机会与自己选择的人一起学习真的很棒。现在，我们衔接自如地运行“每天阅读五项”这一项目达三轮，每一次学生都知道该做什么。目前，我们要介绍的新行为不多，所以我赶上了进度，开始讲授“阅读技巧和策略”；对此我非常激动，感觉我们好像已经做了很多事情。

第 14 天

8: 45 焦点课 你个人的阅读技巧 / 策略；大脑休息

8: 55 “每天阅读五项”的第一轮运行：利用“教授与学习独立的十个步骤”介绍“词汇学习”

1. “今天我们要学着做‘词汇学习’这一任务。”（创建“独立能力图”）
2. “今天要做‘词汇学习’这一任务，因为它能帮助我们扩大词汇量，使我们能更好地阅读、写作和拼写，并且它很有趣！”（把这些内容写在“独立能力图”的顶部。）
3. 把对学生的成功来说最重要的五种行为记录在“独立能力图”上。
   - 在整段时间里都在学习
   - 待在一个地方不动，除非取材料和还材料
   - 立即开始
   - 安静地学习
   - 努力培养耐性
4. 请拉托娅和米兰达示范最可取行为。复习“独立能力图”上的内容，并问学生：“如果拉托娅和米兰达这么做的话，她们能更好地阅读吗？”
5. 请杰克和克莱尔示范最不可取行为。回顾“独立能力图”上的内容，并问学生：“如果杰克和克莱尔这么做的话，他们能更好地阅读和写作吗？”。然后，再让他们示范最可取行为。回顾“独立能力图”上的内容，并问学生同一问题：“如果杰克和克莱尔这么做的话，他们能更好地阅读和写作吗？”
6. 让学生在教室里找到位置。
7. 练习与培养耐性。
8. （教师）待在一边不动。
9. 当学生的耐性消失的时候，发出信号。
10. 以小组为单位登记学生的任务完成情况；问学生：“练习进展得怎么样？”；填写耐性图（参见第三章）。

9: 20 复习 复习与“词汇学习”有关的“独立能力图”上的内容。告诉学生在运行“每天阅读五项”时也可以选择“词汇学习”。因而，在每轮运行中，他们可以从“每天阅读五项”的四项中选择一项。

启动“每天阅读五项”和“理解、准确、流畅暨词汇扩展”的授课计划（续）

跟学生解释每天他们不会有机会把这四项都做一遍，因为每天只有三次选择。所以每个人都要确定做这几项任务的先后顺序。每天，每人必须做“读给自己听”和“写作训练场”，但项目运行还有一轮，此时他们可以在“读给别人听”和“词汇学习”中选择一项。明天，我们要介绍“听有声读物”，那么他们就会有五项选择，但是每天他们还是只能做三项任务。

9: 30 “每天阅读五项”的第二轮运行

- 学生登记做“读给自己听”、“写作训练场”、“读给别人听”或者“词汇学习”。
- 跟学生单独交谈一下，以对其进行评估，并为其设定目标。
- 当学生的耐性消失的时候，发出信号把他们召回集合处。
- 以小组为单位登记学生的任务完成情况；问学生：“练习进展得怎么样？”；填写耐性图（参见第三章）。

9: 50 焦点课 你个人的阅读技巧 / 策略；大脑休息

10: 00 “每天阅读五项”的第三轮运行

- 学生登记做“读给自己听”、“写作训练场”、“读给别人听”或者“词汇学习”。
- 跟学生单独交谈一下，以对其进行评估，并为其设定目标。
- 当学生的耐性消失的时候，发出信号把他们召回集合处。
- 以小组为单位登记学生的任务完成情况；问学生：“练习进展得怎么样？”；填写耐性图（参见第三章）。

10: 20 分享 允许几名学生有机会与大家分享他们在运行“每天阅读五项”时都做了哪些事情。

10: 25 复习 重温我们今天所做的事情，落实明天要做的事情。

教师的反思笔记: 既然“读给别人听”这一任务已经介绍给学生了，我认为在接下来的两天里把“词汇学习”和“听有声读物”介绍给学生是讲得通的。我已经讲完了所有的基础课，所以我知道他们已经准备好了。在察看自己的计划时，我可以看到学生在学习阅读和写作所需的行为方面行进了多远，也可以看到阅读课是怎样接替了我的焦点课。我们正在路上。

第 15 天

8: 45 利用“教授与学习独立的十个步骤”介绍“听有声读物”。请注意第 14 天的活动，要像介绍“词汇学习”一样介绍“听有声读物”。

9: 20 焦点课 你个人的阅读技巧 / 策略；大脑休息

9: 30 “每天阅读五项”的第二轮运行

- 学生登记做“读给自己听”、“写作训练场”、“读给别人听”、“词汇学习”或者“听有声读物”。
- 跟学生单独交谈一下，以对其进行评估，并为其设定目标。
- 当学生的耐性消失的时候，发出信号把他们召回集合处。
- 以小组为单位登记学生的任务完成情况；问学生：“练习进展得怎么样？”；填写耐性图（参

启动“每天阅读五项”和“理解、准确、流畅暨词汇扩展”的授课计划（续）

见第三章）。

9: 50 焦点课 你个人的阅读技巧 / 策略；大脑休息

10: 00 “每天阅读五项”的第三轮运行

- 学生登记做“读给自己听”“写作训练场”“读给别人听”“词汇学习”或者“听有声读物”。
- 跟学生单独交谈一下，以对其进行评估，并为其设定目标。
- 当学生的耐性消失的时候，发出信号把他们召回集合处。
- 以小组为单位登记学生的任务完成情况；问学生：“练习进展得怎么样？”；填写耐性图（参见第三章）。

10: 20 分享 允许几名学生有机会与大家分享他们在运行“每天阅读五项”时都做了哪些事情。

10: 25 复习 重温我们今天所做的事情，落实明天要做的事情。

教师的反思笔记：“每天阅读五项”的所有任务都已启动了。今年，这个班级花了十五天时间来启动这一项目，但是我知道，明年，这一时间也许比今年长，也许比今年短，这一切取决于我教的班级的具体情况。现在，我提醒自己，当在某一轮运行中全班学生都失去耐性的时候，或者某一天我们的耐性培养活动出现磕磕绊绊的时候，我可以回过头来重温一下这一项目里提到的各种行为，然后把学生重新送上培养读立能力的征途。

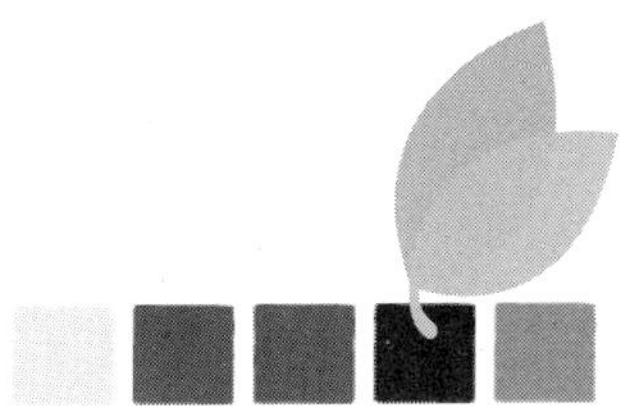

参考书目

Allington, Richard. 2009. *What Really Matters in Response to Intervention: Research-Based Designs*. Boston, MA: Pearson.

——. 2011. *What Really Matters for Struggling Readers: Designing Research-Based Programs*. 3rd ed. Boston, MA: Pearson.

Allington, Richard L., and Patricia M. Cunningham. 2007. *Schools That Work: Where All Children Read and Write*. 3rd ed. Boston, MA: Allyn & Bacon.

Allington, Richard, and Peter Johnston. 2002. *Reading to Learn: Lessons from Exemplary Fourth-Grade Classrooms*. New York: Guilford.

Anderson, R. C., P. T. Wilson, and L. G. Fielding. 1988. "Growth in Reading and How Children Spend Their Time Outside of School." *Reading Research Quarterly* 23 (3): 285–303.

Atwell, Nancie. 1998. *In the Middle: New Understandings About Writing, Reading, and Learning*. 2nd ed. Portsmouth, NH: Heinemann.

Beaudoin, Marie-Nathalie. 2011. "Respect—Where Do We Start?" *Educational Leadership*, September.

Betts, Emmett. 1946. *Foundations of Reading Instruction*. New York:American Book Company.

——. 1949. "Adjusting Instruction to Individual Needs." In *The Forth-Eighth Yearbook of the National Society for the Study of Education:Part II, Reading in the School*, ed. N. B. Henry. Chicago: University of Chicago Press.

Boushey Gail, and Joan Moser. 2006. *The Daily Five: Fostering Literacy Independence in the Elementary Grades*. Portland, ME: Stenhouse.

——. 2009. The CAFE Book: *Engaging All Students in Daily Literacy Assessment and Instruction*. Portland, ME: Stenhouse.

——. 2013. The Daily CAFE. http://www.thedailycafe.com.

Buckner, Aimee. 2005. *Notebook Know-How: Strategies for the Writer's Notebook.* Portland, ME: Stenhouse.

Calkins, Lucy, Mary Ehrenworth, and Christopher Lehman. 2012. *Pathways to the Common Core: Accelerating Achievement.* Portsmouth, NH: Heinemann.

Coulton, Mia. 2001. *Look at Danny.* Beachwood, OH: Mary Ruth Books.

Covey, Stephen R. 1989. *The Seven Habits of Highly Effective People:Restoring the Character Ethic.* New York: Simon and Schuster.

Farstrup, A. E., and S. J. Samuels, eds. 2011. *What Research Has to Say About Reading Instruction.* 4th ed. Newark, DE: International Reading Association.

Fisher, D., and N. Frey 2008. "Releasing Responsibility." *Educational Leadership* 66 (3): 32–37.

Fisher, Douglas, Nancy Frey, and Diane Lapp. 2009. *In a Reading State of Mind: Brain Research, Teacher Modeling, and Comprehension Instruction.* Newark, DE: International Reading Association.

Fletcher, Ralph, and JoAnn Portalupi. 2013. *What a Writer Needs.*Portland, ME: Stenhouse.

Fletcher, Ralph. 1996. *A Writer's Notebook: Unlocking the Writer Within You.* HarperTrophy.

Gaiman, Neil. 1997. "Where Do You Get Your Ideas?" Neil Gaiman website. http://www.neilgaiman.com/p/Cool_Stuff/Essays/Essays_By_Neil/Where_do_you_get_your_ideas%3F.

Gallagher, Kelly. 2009. *Readicide: How Schools Are Killing Reading and What You Can Do About It.* Portland, ME: Stenhouse.

——. 2011. *Write Like This: Teaching Real-World Writing Through Modeling and Mentor Texts.* Portland, ME: Stenhouse.

Gambrell, L. B., R. M. Wilson, and W. N. Gantt. 1981. "Classroom Observations of Task-Attending Behaviors of Good and Poor Readers." *Journal of Educational Research* 74 (6): 400–404.

Gambrell, Linda. 2011. "Seven Rules of Engagement: What's Most Important to Know About Motivation to Read." *The Reading Teacher* 65 (3): 172–178.

Grinder, Michael. 1995. *ENVoY: Your Personal Guide to Classroom Management. Battle Ground,* WA: Michael Grinder and Associates.

Harwayne, Shelley. 1992. *Lasting Impressions: Weaving Literature into the Writing Workshop.* Portsmouth, NH: Heinemann.

——. 2001. *Writing Through Childhood: Rethinking Process and Product.* Portsmouth, NH:

Heinemann.

Howard, Mary. 2009. *RTI from All Sides: What Every Teacher Needs to Know.* Portsmouth, NH: Heinemann.

——. 2012. *Good to Great Teaching: Focusing on the Literacy Work That Matters.* Portsmouth, NH: Heinemann.

Katz, Alan. 2001. *Take Me Out of the Bathtub and Other Silly Dilly Songs.* New York: Margaret K. McElderry Books.

Krashen, Stephen. 2004. *The Power of Reading: Insights from the Research.* Portsmouth, NH: Heinemann.

Leinhardt, Gaea, Naomi Zigmond, and William Cooley. 1981. "Reading Instruction and Its Effects." *American Educational Research Journal* 18 (3): 343–361.

Medina, John. 2009. *Brain Rules: 12 Principles for Surviving and Thriving at Work, Home, and School.* Seattle, WA: Pear Press.

Miller, Debbie. 2013. *Reading with Meaning: Teaching Comprehension in the Primary Grades.* 2nd ed. Portland, ME: Stenhouse.

Miller, Donalyn. 2009. *The Book Whisperer: Awakening the Inner Reader in Every Child.* San Francisco: Jossey-Bass.

Mooney, Margaret. 1990. *Reading to, with, and by Children.* Katonah, NY: Richard C. Owen.

Morrow, Lesley Mandel, Linda Gambrell, and Michael Pressley. 2007.*Best Practices in Literacy Instruction.* New York: Guilford.

Pearson, P. David, and M. C. Gallagher. 1983. "The Instruction of Reading Comprehension." *Contemporary Educational Psychology* 8:317–344.

Pressley, Michael, Richard Allington, Ruth Wharton-McDonald, Cathy Collins Block, and Lesley Mandel Morrow. 2001. *Learning to Read: Lessons from Exemplary First-Grade Classrooms.* New York: Guilford.

Ray, Katie Wood. 2010. *In Pictures and In Words: Teaching the Qualities of Good Writing Through Illustration Study.* Portsmouth, NH: Heinemann.

Routman, Regie. 2003. *Reading Essentials: The Specifics You Need to Teach Reading Well.* Portsmouth, NH: Heinemann.

——. 2005. *Writing Essentials: Raising Expectations and Results While Simplifying Teaching.* Portsmouth, NH: Heinemann.

Samuels, S. Jay, and Alan E. Farstrup, eds. 2011. *What Research Has to Say About Reading Instruction.* 4th ed. Newark, DE: International Reading Association.

Scientific Learning Corporation. 2008. "Adding Ten Minutes of Reading Time Dramatically Changes Levels of Print Exposure." *Educator's Briefing*. http://www.iowaafterschoolalliance.org/documents/cms/docs/10_minutes.pdf.

Trelease, Jim. 2001. *The Read-Aloud Handbook.* New York: Penguin Books.

Van de Walle, John, and LouAnn H. Lovin. 2006. *Teaching Student-Centered Mathematics: Grades 5–8*. The Van de Walle Professional Mathematics Series. Boston, MA: Pearson.

图书在版编目（CIP）数据

每天阅读五项 ：独立读写能力培养法 ／（美）盖尔·波什，（美）琼·莫瑟著 ；林作帅译. -- 上海 ：华东师范大学出版社，2019
ISBN 978-7-5675-8681-9

Ⅰ. ①每… Ⅱ. ①盖… ②琼… ③林… Ⅲ. ①阅读教学—教学法 ②作文课—教学法 Ⅳ. ①H09

中国版本图书馆CIP数据核字（2019）第014805号

每天阅读五项：独立读写能力培养法

著　　者 ［美］盖尔·波什　［美］琼·莫瑟
译　　者 林作帅
总 策 划 方雨辰
策 划 人 曹雪峰
项目编辑 金爱民　谢雨婷　宣晓凤
特约审读 穆莉萍
责任校对 孙彤彤
装帧设计 方　为

出版发行 华东师范大学出版社
社　　址 上海市中山北路3663号　邮编 200062
网　　址 www.ecnupress.com.cn
电　　话 021-60821666　行政传真　021-62572105
客服电话 021-62865537
门　　市 （邮购）电话　021-62869887
地　　址 上海市中山北路3663号华东师范大学校内先锋路口
网　　店 http://hdsdcbs.tmall.com

印 刷 者 山东临沂新华印刷物流集团有限责任公司
开　　本 889×1294　16开
印　　张 15
字　　数 193千字
版　　次 2019年4月第1版
印　　次 2019年4月第1次
书　　号 ISBN 978-7-5675-8681-9 / G.11750
定　　价 68.00元

出 版 人 王　焰

（如发现本版图书有印订质量问题，请寄回本社客服中心调换或电话021-62865537联系）